Lajos Harsányi

DIE HEILIGE FRAU

Lajos Harsányi

DIE HEILIGE FRAU

Lebensgeschichte der Elisabeth von Thüringen

Ein Roman

Originalausgabe:
Lajos Harsányi: A Szent asszony, Budapest, 1927

Lajos Harsányi: Die Heilige Frau
Nach einer Idee von: Jurij Gorjanc
Übersetzung der slowenischen Übersetzung von Jože Smej
ins Deutsche: Hilda Zorč
Lektorat: Wolbert Ebner, Franz Lamprecht
Illustrationen: Irina Pušnik Mouravieva
Fotografien: Vincenc Gotthardt, Elke Haber
Gestaltung: Matej Nemec

Verlag: Hermagoras Mohorjeva, Klagenfurt/Celovec–Ljubljana/
Laibach–Wien/Dunaj
www.hermagoras.com

Gesamtherstellung:
Mohorjeva družba/Hermagoras Verein, Klagenfurt/Celovec, 2023

ISBN 978-3-7086-1305-5

Vorwort

Die romaneske Geschichte erzählt das außergewöhnliche Leben der Elisabeth von Thüringen, auch Elisabeth von Ungarn genannt. Das Original erschien 1927 von Lajos Harsányi mit dem Titel: „A szent asszony. Magyarorszagi szent Ersébet életregénye (Die Heilige Frau. Die Lebensgeschichte der heiligen Elisabeth von Ungarn). Das Buch wurde in mehrere Sprachen übersetzt, mit der Erlaubnis des Bischofs in Raab (Györ) im Jahr 2023 auch in die deutsche Sprache.

Elisabeth von Ungarn, Landgräfin (Fürstin und Herzogin) von Thüringen, wurde 1207 in Sárospatak, dem Erzbistum Eger (Deutsch Erlau), in Ungarn geboren. Ihr Vater war der ungarische König Andreas II. aus dem Geschlecht der Arpaden. Ihre Mutter Gertrude von Andechs-Meranien stammte aus einem bekannten Adelsgeschlecht mit Ländereien auf dem Gebiet des heutigen Slowenien mit Sitz in Kamnik. Kaum vierjährig, wurde Elisabeth 1211 mit dem Landgrafen Ludwig IV. von Thüringen verlobt. Von da an lebte sie auf der Burg Wartburg in Thüringen. Im Jahre 1221 heiratete sie Ludwig IV. Aus der Ehe gingen drei Kinder hervor: 1222 Hermann; 1224 Sophie; 1227 Gertrud, die erst nach dem Tod ihres Vaters auf die Welt kam. Ludwig starb 1227 in Otranto, als er unterwegs nach Palästina war. Auf Anraten des Papstes Honorius III. nahm er damals am Kreuzzug nach Jerusalem teil. Nach dem Tod ihres Mannes verließ Elisabeth die Wartburg und ging nach Eisenach, später nach Pottenstein und Marburg. Sie lebte sehr bescheiden. An einem Karfreitag hat sie vor dem Altar der Franziskanerkirche in Marburg das Gelübde abgegeben, dem weltlichen Glanz zu entsagen. Mit Hingabe widmete sie sich der Fürsorge für Arme und Kranke. In Marburg baute sie mit eigenen Mitteln ein Krankenhaus für die Ärmsten und die Schwächsten, die sie dann demütig und geduldig pflegte. Dabei schreckte sie vor keiner noch so niederen Arbeit zurück. Ihr Beichtvater, der deutsche Priester, Kreuzzugprediger und Inquisitor Konrad von Marburg, würdigte sie als Trösterin der Armen und als Fürsorgerin der Hungrigen. Am 17. November 1231 starb sie, kaum 24-jährig. Begraben wurde sie am 19. November in Marburg. Bereits einen Tag nach ihrem Begräbnis geschahen an ihrem Grab Wunder, deshalb sprach Papst Gregor IX. sie heilig. Das Fest der heiligen Elisabeth wird seit 1671 am 19. November, dem Tag ihrer Beisetzung, gefeiert.

Wer dieses Buch liest, kann nicht gleichgültig bleiben. Nicht nur wegen des kurzen Lebens von Elisabeth – sie starb ja in einem Alter, in dem die meisten von uns heute gerade zu leben beginnen. Auch nicht wegen der anschaulichen, wenn auch historisch belegten Beschreibungen, wie sie sich zu Leprakranken hinunterbeugt und ihre Wunden berührt. Ich würde jedem abraten, das heutzutage zu tun. Auch nicht wegen der Kasteiung und der extremen Buße, die sie sich selbst auferlegte, was für heutige Menschen schwer nachvollziehbar ist. Andererseits – darauf macht uns der bekannte Heiligenbiograph Christian Feldmann aufmerksam – steckt im Sühnegedanken, der auch so „moderne" Heilige wie die jüdische Nonne Edith Stein oder die von Glaubenszweifeln geschüttelte kleine Thérèse von Lisieux beseelte, ein unverzichtbarer christlicher Grundwert: Solidarität, Schicksalsgemeinschaft, Stellvertretung, Liebe in letzter Konsequenz. Wenn der Mensch von heute Sühne leisten will, wird er aus Liebe zu seinen Nächsten Gutes tun oder die Caritas in ihrem Einsatz für die Armen unterstützen.

Was einem beim Lesen zweifellos auffällt, ist die Intensität, mit der Elisabeth alle Phasen ihres Lebens gelebt hatte. Ich möchte, dass der Leser – zwischen den Zeilen lesend – die Liebe wahrnimmt, die die heilige Elisabeth zu ihren Handlungen bewegte. Sie liebte, weil sie erkannte, dass sie im Grunde von Gott selbst geliebt wurde, dass sie ein Kind Gottes, „eine Tochter des höchsten Königs" war. Alles, was sie insbesondere den Armen schenkte, tat sie mit frohem Herzen und wies die „sauren Gesichter" um sie herum zurück. Wenn Elisabeth auf das Kreuz, das Symbol unseres Glaubens, blickt, sieht sie die Liebe, die Gott zu uns hat, wenn er allen vergibt, auch denen, die ihm Leid und Tod bringen. Das ist die Spiritualität, die wir auch heute nachahmen wollen. Der heilige Paulus weist darauf hin: „Wenn ich in den Sprachen der Menschen und Engel redete, hätte aber die Liebe nicht, wäre ich dröhnendes Erz oder eine lärmende Pauke." (1 Kor 13,1).

Dies ist auch die Spiritualität von Papst Franziskus, auf die er immer wieder hinweist. Für ihn ist die Kirche keine verknöcherte Struktur, der der Papst und die Bischöfe vorstehen. Die Kirche bist Du, die Du diese Lebensgeschichte liest, Deine Familie und alle anderen, denn der Heilige Geist wohnt ja in jedem von uns. Es gibt keine andere Kirche irgendwo draußen. Gott meint es ernst mit uns. Weil wir geliebte Kinder Gottes sind, haben wir, wie der heilige Franziskus und die heilige Elisabeth es zu ihrer Zeit taten, bereits begonnen, eine Kirche wiederherzustellen, die auch heute an vielen Stellen zu bröckeln scheint. Wie Elisabeth haben wir oft das Gefühl, dass wir noch dies und jenes tun müssen, um beim Errichten der Kirche Christi glaubwürdig genug zu sein. Aber von der Heiligen können wir auch lernen, dass Gottes Logik anders ist und uns immer wieder überrascht. Wir können uns seine Zuwendung nicht verdienen, auch wenn wir das gerne tun möchten. Wir sind seiner bereits würdig, wenn wir Sünder sind (vgl. Röm 5,8). Gott liebt uns vor aller Leistung und trotz aller Schuld! Wir werden niemals verdienen können, was uns Gott bereits heute schenken will. Und wir müssen ihm nichts beweisen, denn er kennt unsere Herzen. Was wir tun können, ist das Geschenk seiner Liebe annehmen und auf diese Liebe antworten, wie es die heilige Elisabeth tat.

Dr. Josef Marketz, Bischof von Gurk-Klagenfurt
Klagenfurt, am Fest der heiligen Elisabeth, 19. 11. 2023

DIE HEILIGE FRAU

Der große Gelehrte Klingsohr prophezeit die Geburt der ungarischen Prinzessin. Sie wird Elisabeth heißen und einmal den Herrscher von Thüringen heiraten.

1.

Leise und verträumt rauschten die dunklen deutschen Wälder. Die Vögel schliefen in ihren Nestern. Zwischen den Bäumen wehte der Duft nach Harz. Die silberne Mondsichel glitzerte am perlmuttfarbenen Himmel.

Oberhalb des Felsens stand in ihrem strahlenden Weiß die Burg Wartburg. Das Licht des Silbermondes verschönerte die rauen, schmalen Wehrtürme der eindrucksvollen Festung. Das finstere, feudale Schloss sah aus wie eine Silbertaube, die hoch oben in ihrem Nest schläft und deren Haupt von Mondschein beschienen wird.

Über den tiefen Gräben wanden sich helle, rote Lichtstreifen dem Himmel entgegen, ihre Farbe war fein wie ein edler Wein. Hermann Landgraf von Thüringen, weilte auf seinem Landgrafenhof, und in den großen hellen Wartburger Sälen war es in den letzten Wochen immer lebendiger geworden. Auch Hermanns Ehefrau, die Landgräfin Sophia von Sommerschenburg, war mit ihrer ganzen Familie anwesend. Der älteste Sohn, Hermann II., der Erbe der Landgrafschaft, war da bereits zehn Jahre alt. Es war schön zu sehen, wie er gemeinsam mit den Rittern und Schildknappen sein Pferd sattelte und ins Tal galoppierte. Der zweite Sohn Ludwig war mit seinem weißblonden Haar und den blauen Augen das Ebenbild seiner Eltern. Die jüngeren Geschwister Heinrich, Konrad, Agnes und Irmgard standen noch in der Obhut ihrer Ammen. Doch es verging kein Tag, an dem ihre fürsorglichen Eltern sie nicht herzen würden.

Zu der Zeit weilten Gäste auf dem Schloss.

Der Landgraf war nicht nur einer der ersten Missionare des Christentums, sondern auch ein großer Bewunderer und Förderer der deutschen Dichtung. In seinem Schloss beherbergte er berühmte dichtende Ritter, die sich mit ihm gemeinsam vergnügten und mit ihm auf die Jagd gingen. Die Künstler waren durch ihre Kunst enge Vertraute und Freunde der ganzen Familie. An bestimmten Tagen im Jahr veranstalteten sie in dem großen, mit Wappen geschmückten Saal einen Dichterwettstreit. Derjenige, der die schönste Spruchdichtung verfasst hatte, bekam aus der Hand der Pfalz- und Landgräfin Sophia den immergrünen Lorbeerkranz sowie ausgewählten Schmuck und andere Wertsachen gereicht. Deshalb trug der Sieger auf Schlossfesten immer einen Lorbeerkranz auf dem Kopf. Fürwahr, derjenige, der auf der Wartburg bei dem berühmten Sängerkrieg den Lorbeerkranz überreicht bekommen hatte, dem standen die Türen aller deutschen Ritterburgen offen. Und mehr noch, allein der hohe römisch-deutsche Kaiser zählte ihn dann zu seinem Freundeskreis.

Auch diesmal waren auf der Wartburg viele Dichter versammelt.

Varilla Gautier, Mundschenk und erster Vertrauter des Landgrafen, gab in dem mit vielen Wappen bestückten und mit Fackeln feierlich erhellten Rittersaal gerade Anweisungen an das Hofgesinde: Es möge den goldenen Thron der Pfalz- und Landgräfin schmücken. Denn an diesem feierlichen Abend würde der Sieger des Dichterwettbewerbs den Lorbeerkranz erhalten.

Wer wird diesmal der Sieger sein?

Der ganze Hofadel war im Wappensaal versammelt. Die Dienerschaft hatte bereits alles für die Festlichkeit vorbereitet. Die Ritter und die Hofdamen standen in edler Robe um den Thron. Der Wachposten meldete, dass das Landgrafenpaar sich in Begleitung der Minnesänger dem Festsaal nähere.

Die Tür öffnete sich.

Zuerst traten zwei Fanfarenbläser ein. Auf der langgestreckten silbernen Naturtontrompete bliesen sie im feierlichen Takt den Marsch. Hinter ihnen schritt im goldenen Gewand ein Page und trug das rote samtene Kissen mit dem Lorbeerkranz.

*

Das Landgrafenpaar hielt Einzug. Der Land- und Pfalzgraf Hermann führte die Pfalzgräfin Sophia an der Hand. Der Landgraf ganz in seiner Herrscherpracht, die Pfalzgräfin in strahlendem Samtgewand in der Farbe eines edlen Weins. Ihrer beider Haupt zierte die Landgrafenkrone. Es folgten die Minnesänger Walther von der Vogelweide, Reinhard von Zwetzen, Wolfram von Eschenbach, Heinrich der Schreiber, Bitterolf sowie Henrik Ofterdinger. Gleich dahinter folgten die Ritter und die Schildknappen.

Als das Landgrafenpaar auf dem Thron Platz genommen hatte, verebbte die Marschmusik. Im Saal herrschte Totenstille. Nur die Fackeln brannten und zu hören war allein das Knistern des Feuers.

Dann erhob sich der Land- und Pfalzgraf, schaute sich im Saal um und sprach nur einen Namen aus: den Namen des Siegers:

„Wolfram von Eschenbach".

„Heil!" „Heil!", rief der ganze Hofstaat. Wolfram kniete sich vor die Pfalz- und Landgräfin, die ihn mit dem Lorbeerkranz krönte. Der Minnesänger erhob sich, stieg zu dem Thronpaar auf das Podest und schaute sich im glänzenden Festsaal um. Die anderen Dichter, die Herrschaften, die Ritter und alle Anwesenden machten tiefe Verbeugungen in Richtung Thron. Diese Verbeugung galt diesmal nicht dem Landgrafenpaar, sondern dem Grafen des Minnegesangs. Und es erklangen die silbernen Naturtontrompeten und mit ihnen das stürmische Getöse der Anwesenden:

„Gesegnet sei der Dichter des Heiligen Grals! Heil!"

Im nächsten Augenblick schaute der Pfalz- und Landgraf verwundert zu den Minnesängern, dann beugte er sich zum Hofmeister, der rechts vom Thron stand.

Die Stimmung im Festsaal gefror.

Was war passiert?

Betreten schaute der ganze Hofstaat Richtung Thron. Die Landgräfin warf dem Landgrafen einen beruhigenden Blick zu.

Der Landgraf rief laut:

„Wo ist Klingsohr?“

Alle schauten sich um. Klingsohr, der beste Sänger und große Gelehrte, berühmter Sterndeuter aus Siebenbürgen/Transsylvanien, genau dieser Klingsohr fehlte. Er erschien nicht zur Lorbeerkranz-Ehrung.

Der Hofmeister Graf Meinhard von Mühlberg, persönlich machte sich auf den Weg, um den Klingsohr zu finden und ihn vor den erzürnten Landgrafen zu bringen. Unter dem gewölbten Gemäuer eilte er in der Hand die brennende Fackel den Flur entlang. Er trat in Klingsohrs Zimmer ein, dessen Tür halb offenstand. Das Zimmer war leer. Graf von Mühlberg trat in den Burghof, wo unter mächtigen Eichen Stühle standen, die zum Verweilen einluden. Da war niemand. Er eilte zu den alten Festungsmauern, von wo aus man tief hinein in das Tal blicken konnte. Dort fand er niemanden. Das Fackellicht reichte weit in das Tal hinunter, von wo aus man das Rauschen der Wälder hörte. Von Zeit zu Zeit hörte man aus dem Dickicht auch einen schmerzerfüllten Schrei. Das war genau dann, wenn ein Greifvogel sich auf einen friedlich in seinem Nest schlafenden Singvogel stürzte. Dasselbe macht ein Räuber der sich nachts zum Stehlen und Morden aufmacht. Der Hofmeister schaute hoch zum Schlossturm.

„Hopp“, ging es ihm in dem Moment durch den Kopf, als er das erleuchtete Fenster in dem Turm sah. Bestimmt sitzt Klingsohr in dem Turmzimmer und erforscht mit dem großen Teleskop die Sternenkonstellationen! Der Hofmeister eilte zurück ins Schloss. Auf den schmalen, gewendelten Treppen bahnte er sich den Weg zum Aussichtszimmer. Sobald er dieses erreichte, öffnete er ungeduldig die Tür und stieß sie weit auf.

Als er den Sternendeuter sah, rief er: „Klingsohr!“, so laut, dass es im Zimmer hallte. Der Gelehrte saß am Tisch, vor ihm lag ausgebreitet die Karte des Sternenhimmels. Derweil beobachtete er durch das große Fernrohr den Himmel.

„Meister Klingsohr!“, sprach ihn der Hofmeister erneut an.

Klingsohr hingegen hob die linke Hand, ohne seine Arbeit zu unterbrechen. Die Geste seiner Hand warf einen Schatten an die Wand.

„Seien Sie still!“, flüsterte der Forscher. Sein Gesicht war kreideweiß.

„Die Hoheiten warten!“, warf der Hofmeister ungeduldig ein.

Klingsohr kümmerte sich nicht um die Ermahnung. Unbeirrt beobachtete er weiter den Himmel. Auf das Pergamentpapier, das ausgebreitet vor ihm lag, schrieb er geheime Zahlen und Zeichen.

Der Hofmeister stand macht- und hilflos da.

Klingsohr drehte kurz das Teleskop, beugte sich über den Tisch und beobachtete aufgeregt das Sternenbild. Als er fand, was er gesucht hatte, sprang er buchstäblich vom Stuhl. Seine Augen leuchteten.

„Von Mühlberg!“, rief er siegreich.

„Gehen wir!“, drängelte der Hofmeister.

Klingsohr rührte sich nicht. Er starrte nur gebannt auf die vor ihm liegende Sternkarte und machte eilig Rechnungen auf dem Pergament.

„Ihre Hoheiten sind verärgert!“, sagte von Mühlberg ungeduldig.

„Schau her!“, sprach Klingsohr und schob den Hofmeister Richtung Fernrohr. „Schau hier durch!“

Von Mühlberg schaute durch das Teleskop. Das starke rosafarbene Licht hätte ihn fast geblendet.

„Was ist das?“

Klingsohr packte schnell das Pergament, und jetzt bedrängte er seinerseits den Hofmeister zum Gehen.

„Komm, wir gehen. Wir sollten zum Landgrafenpaar!“

In dem erleuchteten Wappensaal war das förmliche Zeremoniell beendet. Das Landgrafenpaar und die Höflinge saßen am Tisch beim Festschmaus.

Wolfram von Eschenbach saß zwischen dem Landgrafen und der Landgräfin, den Lorbeerkranz auf dem Kopf. Auf seiner Brust und den Schultern prangte eine große goldene Kette. Das war das Geschenk des Landgrafenpaares an den heutigen Sieger.

Als Klingsohr in Begleitung des Hofmeisters den Saal betrat, gab der Landgraf Handzeichen, mit der Musik aufzuhören.

Klingsohr trat vor die Landgräfin Sophia.

„Eure Hoheit!“, stieß er aus. Er kniete nieder und beugte sein Haupt. Sein silbergraues Haar fiel ihm auf die Stirn.

„Ich habe es dir übel genommen, dass du nicht zu unserem Fest gekommen bist“, sagte der Landgraf, „und auch Wolfram von Eschenbach war verärgert darüber.“

Klingsohr erhob sich. In seinem Gesicht und seinen Augen spiegelte sich Unruhe, und auf seiner Stirn bildeten sich Schweißperlen. All das deutete darauf hin, dass der Grund für sein Wegbleiben etwas Besonderes und Wichtiges sein würde.

„Eure Hoheiten, ich bitte um Entschuldigung!“, erwiderte er halblaut, „es ist etwas so Einzigartiges passiert, ich konnte mein Turmzimmer nicht verlassen!“

„Etwas Unheilvolles?“, fragte die Landgräfin erregt.

„Keineswegs, Eure Hoheit! Genau das Gegenteil ist der Fall, ich kann Ihnen eine gute Botschaft bringen.“

„Sprich!“, sagte der Landgraf, und auf einen Wink des Hofmeisters brachte man für Klingsohr sofort einen gotischen Stuhl.

Der ganze Hof versammelte sich um das Landgrafenpaar, als der Sterndeuter anfing, leise zu erzählen:

„Heute zeigten sich außergewöhnliche Bilder am Nachthimmel. Bei Sonnenuntergang zogen dunkle Wolken heran, die sich bald verflüchtigten und sich violett färbten. Im Osten, wo die Sonne aufgeht, war der Himmel kristallklar. Genauso hell strahlte das Mondlicht. Ich nahm das Teleskop und erforschte den Kosmos nach guten und schlechten Zeichen.

Während ich die Sternenstellung zwischen dem Raben und dem Löwen aufmerksam beobachtete, sah ich, wie ein wunderschönes kleines rosa Sternchen aus dem Himmelskörper der Ungarn sich löste und sich dem grünen Thüringer Stern aus dem thüringischen Himmelskörper anhängte. Als die beiden Planeten sich vereinten, erschien am Firmament ein magisches Licht. Das Licht verbreitete sich immer und immer mehr und nahm bald den halben Himmel ein. Inmitten dieser himmlischen Pracht flammte ein kleines Kreuz auf und auf dem Kreuz die Landgrafenkrone mit dem Heiligenschein, wie nur die ranghöchsten Heiligen ihn tragen.

Das Landgrafenpaar und der ganze Hofstaat, ja alle Anwesenden hörten dem Sternendeuter zu.

„Und was bedeutet das jetzt?“, fragte ernst der Landgraf.

Klingsohr hob die Hände zum Himmel.

„Eure Hoheiten“, sagte er, und sein ganzes Gesicht nahm einen vergeistigten Ausdruck an, „dieses Zeichen bedeutet, Thüringen wird an Größe gewinnen. Ich studierte die geheimen Zeichen auf der Astrologie-Karte. Die Grundregeln der alten weisen Sterndeuter, die an den Allmächtigen glaubten, lassen mich verkünden: Zum gegenwärtigen Zeitpunkt im Jahre des Herrn 1207 ist dem König des großen, im Osten gelegenen Königreichs Ungarn ein Töchterchen geboren. Das ist dieses rosafarbene Sternchen. Die neugeborene Königstochter heißt Elisabeth. Sie wird nach Thüringen kommen und die Ehefrau des Landgrafen von Thüringen werden. Ihr frommes und gesegnetes

Leben, ihre guten Taten werden sie zu einer Auserkorenen machen. Ihr Haupt wird von Glorienschein umgeben sein und sie wird von allen Menschen angebetet werden. Wegen ihr wird der Name Thüringen ewig in den Geschichtsbüchern stehen.

Klingsohr verstummte.

Im prächtig erleuchteten Saal herrschte absolute Stille. Die Prophezeiung erschütterte jedes Herz.

Der Landgraf stand auf und sprach mit zitternder Stimme: „Lob und Ehre der Heiligen Dreifaltigkeit! Wir verdienen die große Gnade nicht, die uns die prophetischen Sterne verkünden. Knien wir vor Gott nieder und beten, dass die göttliche Verheißung sich erfüllt."

Nach diesen Worten nahm der Landgraf seine goldene Krone ab. Die Landgräfin folgte seinem Beispiel, und auch Wolfram von Eschenbach legte seinen Lorbeerkranz auf das rote, samtene Kissen ab. Im Glanz des leuchtenden Saals knieten das Landgrafenpaar, die Minnesänger, die Höflinge und alle anwesenden Edelleute andächtig nieder. Ins innige Gebet vertieft, dankten sie Gott für seine große Gabe, die Thüringen zuteilwerden wird. Nach dem Gebet erhob der Landgraf erneut seine Stimme:

„Unser lieber Meister Klingsohr! Du verkündest uns große Freude und Hoffnung auf Ruhm. Es soll dir an Schätzen nicht fehlen. Du wirst reichlich belohnt. Gleichzeitig habe ich eine Bitte an dich."

Klingsohr machte eine tiefe Verbeugung in Richtung des Landgrafen.

„Befehlt, erhabener Herr!"

„Ich bitte dich, mache dich gleich morgen früh“, setzte der Landgraf fort, „im ersten Morgengrauen auf den Weg Richtung Osten nach Ungarn. Bringe in Erfahrung, ob wirklich das liebliche Kind geboren wurde, das Gott uns verkündet hat. Bringe oder schicke uns die gute Nachricht, damit unser Glück vollkommen sein wird.

„Ja, ja“, sprang die Landgräfin ihrem Gemahl ins Wort, „tue uns diesen Gefallen, du unser lieber Gelehrter!“

Klingsohr verbeugte sich.

„Diesen Wunsch erfülle ich gerne! Gleich morgen zur frühen Stunde will ich aufbrechen!“

In angenehm aufgeregter Stimmung sprach das Landgrafenpaar noch lange mit den Edelleuten über die wunderbare Weissagung. Der Hofmeister verkündete bald das Ende des Hoffestes.

„Es mögen sich alle zur Ruhe begeben“, befahl der Landgraf, „Klingsohr muss morgens früh aufbrechen.“

Das Landgrafenpaar reichte dem Sternendeuter seine Hand zum Handkuss. Nachdem sie sich über Klingsohrs Entlohnung geeinigt hatten, verabschiedeten sich die hohen Herrschaften und zogen sich mit der Entourage in ihre Gemächer zurück. Der ganze Hofstaat löste sich auf. Minnesänger und Ritter gingen zur Ruh. Im Wappensaal löschten die verschlafenen Knappen die Fackeln.

In den eigenen Gemächern wandte sich die Landgräfin an ihren Mann:

„Eure Durchlaucht, lasst uns bei unserem Erstgeborenen vorbeischauen, dem zukünftigen Herrscher über

Thüringen. Er wird einmal die Königin eines weit entfernten Staates heiraten."

Eine violette Öllampe in der Hand, ging das Fürstenpaar in das Schlafgemach ihrer Kinder. Die sanft schlummernden Ammen schreckten auf und schauten bestürzt die späten Besucher an.

„Nur ruhig", sagte die Fürstin, „es ist nichts Schlimmes passiert. Wir wollten nur nach den Kindern schauen."

Die Fürstenkinder schliefen wohlbehütet zwischen weichen Fellen und Teppichen aus dem Osten.

Die Eltern stellten sich vor die mit Holzschnitzerei verzierte Wiege. Das Kissen darin war so groß wie das im Bett eines Erwachsenen. Das war der Schlafplatz ihres Erstgeborenen Hermann.

Die Fürstin beugte sich mit der Öllampe über das Bett.

„Schau!", flüsterte sie zum Fürsten gewandt.

Der zehnjährige Hermann sah stark aus und entwickelte sich prächtig. Sein Antlitz strahlte wie ein Apfel rot. Die Brust hob und senkte sich in einem gleichmäßigen Rhythmus.

Das Fürstenpaar schaute lange auf den schlafenden Sohn, und ihre Hände falteten sich wie von selbst zum Gebet.

Danach begaben sich auch die beiden zur Nachtruhe.

Die Wartburg schlief den Schlaf der Gerechten.

Am Himmel schienen die Sterne. Die Mondsichel leuchtete silbern. Ihr weißes Licht ergoss sich über die Wälder. Oberhalb des Felsens lag ruhig die Burg, einer schlafenden Silbertaube gleich, deren Haupt von Mondschein versilbert wird.

Es wurde Herbst, als aus den braungefärbten Wäldern ein müder Reiter Richtung Bratislava/Pressburg galoppierte. Das Pferd war schwer beladen und wirkte erschöpft. Man konnte sehen: Es kam von weit her. Klingsohr, so hieß der Reiter, war nicht bereit, sich von seinem Pferd zu trennen. Das gehörte nämlich auch zu den Geschenken des Landgrafen von Thüringen.

Unten im Tal floss behäbig die mächtige Donau. Klingsohr war ungeduldig, endlich die Stadttore von Bratislava zu erreichen.

Als er in die Stadt kam, galt seine erste Sorge dem müden Pferd. Es lag ihm am Herzen, dieses gut zu versorgen. Bald fand er eine Herberge und vertraute dem Stallknecht sein Tier an und wies ihn an, mit Hafer und Heu nicht zu sparen. Dafür sollte er dann auch reichlich belohnt werden. Nachdem er sich kurz ausgeruht und umgezogen hatte, ging Klingsohr, sich die Stadt anzusehen. Zwischen den kleinen und niedrigen Häusern konnte man aus jedem Winkel das Königsschloss sehen, das an der Nordseite eines Hügels stand. Das Schloss sah nicht aus wie die Wartburg oder andere Felsenburgen, war nicht wie ein Adlernest hoch auf einem Felsen gebaut. Es lag auf einem sanften Hügel und war anstatt von dunklen Wäldern von grünen Platanen und glänzenden, rotbraunen Kastanienalleen umgeben. Weitläufige Freiräume, Balkone und Vorsprünge bildeten eine Abwechslung zu dem mächtigen grauen Gemäuer und ließen das Schloss ein Stück freundlicher erscheinen. Die vier schmalen Schlosstürme machten den Anschein, als wollten sie Richtung Himmel fliegen.

Klingsohr ging lange auf den Pfaden rund um die Anlage spazieren, dabei behielt er das Schloss immer im Auge. Vielleicht ließe sich so etwas erfahren. Er sah, dass die Königsfamilie sich auf dem Schloss befand. Zwischen den steinernen Türen beobachtete er die Ritter und die Schildknappen, wie sie immer ein- und ausgingen. Endlich fand er den Mut, einen Wachposten, der am Tor stand, anzusprechen.

„Treuer Ritter, ein stolzer Mann aus Siebenbürgen steht vor dir und grüßt dich herzlich."

Der Wachposten hob zur Begrüßung den Speer und erwiderte Klingsohr ungarischen Gruß auf Deutsch. Klingsohr stutzte. Viel von der Welt hatte er schon gesehen, er sprach viele Sprachen, silbergraue Fäden schmückten seinen Bart und seine Haare, er stand schon vor den Toren vieler Fürstenhöfe. Dabei hat er jedoch nie erlebt, dass ein Torwächter mit dem Besucher in einer fremden Sprache gesprochen hätte. Er wechselte auf Deutsch.

„Ist deren Königliche Hoheit zu Hause?"

Der Wachposten antwortete würdevoll, wie es sich gebührte:

„Seine Hoheit König Andreas II. und ihre Hoheit, die Königin Gertrude, weilen auf der Burg."

„Gott segne ihre Namen!", sagte Klingsohr und machte eine tiefe Verbeugung. Dann redete er weiter:

„Wann kann ich ins Schloss kommen?"

„Niemals“, antwortete der Torhüter. Weil Klingsohr so verwundert schaute, erklärte er:

„Ihre Hoheit, die Königin Gertrude, verfügte, jeder möge sein Anliegen per Brief vortragen. Seine Majestät, der König, will niemanden persönlich anhören.“

Klingsohr bedankte sich für die Auskunft und verabschiedete sich. Er machte sich auf den Weg zurück in die Stadt. Es befiel ihn ein seltsames Gefühl. Ein Gefühl von schlechter Laune bemächtigte sich seiner, und er wusste nicht, warum.

Ganz in Gedanken versunken kam er zu einer großen, in romanischem Stil gebauten Kirche. Kurzentschlossen trat er ein. Drinnen war niemand. Klingsohr bekreuzigte sich und trat hinter eine Säule. Über dem großen Altar hing auf vergoldetem Buch eine weiße Hostientaube aus Alabaster. In ihrem Inneren wurde das Allerheiligste bewahrt. Die Wände dieses Sakralbaus waren rundherum mit Fresken verziert. Rechts konnte man die imposante Gestalt des hl. Petrus und links die des hl. Paulus sehen. Ein hochbetagter Priester mit einem langen, weißen Bart kam aus der Sakristei. Er kniete auf die Altarstufe, beugte sich vor und küsste den Altarstein. Nachdem er aufgestanden war, eilte er das Kirchenschiff entlang dem Ausgang zu. In der Hand hielt er einen großen, unförmigen Schlüssel, und es schien, als ob er die Kirche abschließen wollte. Als er zum Pfeiler kam, hinter dem Klingsohr betete, wurde er auf die ins Gebet vertiefte Gestalt aufmerksam und blieb stehen. Einen Augenblick lang zögerte er, dann drehte er sich zum Altar um.

Klingsohr kam hinter der Säule hervor.

„Hochwürden", rief er leise dem sich entfernenden Priester nach.

Der Priester drehte sich um.

„Gelobt sei Jesus Christus", grüßte Klingsohr.

„In Ewigkeit, Amen."

„Verzeihung, Hochwürden, ich bin fremd in dieser Stadt und hätte eine Frage an Sie. Ich komme aus Siebenbürgen in Ungarn, Klingsohr mein Name."

Der Priester schaute ihn verwundert an.

„Klingsohr? Der große Gelehrte?"

Klingsohr sagte demütig:

„Ergebener Diener Gottes bin ich. Aus den Sternenbildern lese ich Gottes Pläne."

Der ergraute Priester streckte ihm beide Arme entgegen.

„Sei mir gegrüßt, großer Gelehrter! Dein berühmter Name ist mir schon lange bekannt. Ich bin Pater Benedikt, ein unwürdiger Diener des allmächtigen Gottes. Ich durchwanderte ganz Siebenbürgen, weil ich gerne pilgere, um für meine Sünden Buße zu tun. Auch jetzt bereite ich mich auf eine lange Reise vor. Seit Frühjahr bin ich hier in Bratislava, der Diener in der St.-Peter-Kirche. Schon bald mache ich mich wieder auf den Weg. Großer Gelehrter, komme in mein Haus und sei mein Gast, solange du in der Stadt weilst."

Klingsohr bedankte sich für die freundliche Einladung und nahm diese an. Der Priester schloss die Kirche ab und sie gelangten vom Kirchenschiff durch die Sakristei in ein kleines Häuschen. Es stand im Hof und war umgeben von steinernen Mauern. Über dem Dach des Häuschens ragte ein Kreuz. Mitten im Hof war ein großes, sternförmiges Blumenbeet, das mit goldgelben Blumen bepflanzt war.

In einem der Zimmer hing an der Wand ein Kreuz mit einem leidvollen, bis aufs Blut ausgepeitschten Korpus. Nichts anderes schmückte das Zimmer. Neben einer Wand lag ein großes Polster aus Bärenfell, davor ein einfacher Tisch, auf dem Pergamentrollen lagen.

Der Priester bot dem Gast Käse, Obst, kaltes Hammelfleisch und einen großen Schlauch Wein an.

„Lehne die Geschenke Gottes nicht ab!", ermunterte er Klingsohr.

Klingsohr bekreuzigte sich und segnete den Tisch und fing wortlos zu essen an. Er aß nicht viel. Danach wusch er sich die Hände und trank aus dem bis zum Rand gefüllten Holzbecher.

„Pater Benedikt, es segne euch der allmächtige Gott, der Vater, der Sohn und der Heilige Geist." Klingsohr leerte den Weinbecher, stellte ihn auf den Tisch und schaute zum Priester.

„Hochwürden, bitte erlauben Sie mir, Ihnen eine Frage zu stellen. Ich kann damit nicht mehr warten!"

„Frage, Bruder!", sagte der Priester.

„Sagen Sie mir, gütiger Vater, ist dem erhabenen Königspaar eine Prinzessin geboren worden?"

„Ja, es wurde eine Prinzessin geboren."

„Und ihr Name?"

„Elisabeth!"

Klingsohr hob den Blick zum Himmel.

„Gelobt sei der Herr!“, rief er dankbar aus vollem Herzen.

Der ergraute Priester schaute ihn verwundert an. „Mein Bruder, was ist das, was dich so bewegt?“

„Oh, mein lieber Pater“, antwortete Klingsohr, „der gütige Gott kündigte mir durch die Sterne bedeutende Ereignisse an, und allesamt haben sie mit dieser Neugeborenen zu tun. So bitte ich dich, erzähle mir alles, was du über die Geburt dieses Kindes weißt!“

Pater Benedikt gab sich so lange nicht zufrieden, bis Klingsohr ihm nicht bis ins Detail erklärte, was es mit der Sternendeutung auf der Wartburg auf sich hat. Als er alles vernahm, füllte sich sein Herz mit kindlicher Freude.

„Oh, mein Gott“, frohlockte der ergraute Priester, „mögen sich deine weisen Vorhersagungen erfüllen!“

„Dann erzähl bitte, mein lieber Vater!“, bedrängte ihn Klingsohr.

„Als die Apfelbäume blühten“, setzte Pater Benedikt ein, „erschienen eines Tages die Schildknappen in feierlichen, prächtigen Gewändern auf den Straßen. An allen Ecken und Enden blieben sie stehen und verkündeten lautstark die frohe Botschaft, die Königin Gertrud habe eine Prinzessin geboren. Diese sähe engelsgleich aus. Die Bürger waren sehr erfreut über diese Nachricht, und bald füllten sich die Kirchen mit den Gläubigen. Alle dankten Gott für dieses über alles freudige Ereignis. Schnell wurde bekannt, der König Andreas sei überglücklich darüber, dass Gott ihn zuerst mit dem Sohn Béla und jetzt noch mit der Prinzessin gesegnet hat. Er entschied, die Bevölkerung von Bratislava mit teuren Geschenken zu überschütten und die Prinzessin vor aller Augen taufen zu lassen."

„Wo wurde sie getauft?", fragte Klingsohr

„Hier bei uns, in der St.-Peter-Kirche. Die Königskinder wurden immer in der Schlosskapelle getauft, die neugeborene Prinzessin aber brachten sie in unsere Kirche. Wie schön die Neugeborene war! Oh, lieber Bruder, wenn du das nur hättest sehen können!"

„Fahre fort!", drängte Klingsohr.

„Glänzender Tau lag auf den Blumen, in den Lüften flogen Schwalben in seliger Ruhe, als der Festzug sich vom Schloss herab bewegte. Allen voran kamen die in prächtige Gewänder gekleideten Schildknappen. Es folgten die edlen Ritter David und Farkas, jeder auf seinem schneeweißen Pferd. Hinter ihnen trugen die Diener auf hohen Pfosten einen großen Baldachin. Der Baldachin war aus goldenen Fäden gewebt und leuchtete wie die helle Sommersonne im Tageslicht. Unter dem Baldachin schritten die Hofdamen, umgeben von einem großen Heer. Die erste Hofdame und gleichzeitig Vertraute und Freundin der Königin trug die Prinzessin. Diese war in Binden gewickelt, die so leicht waren wie eine Feder. Anschließend kam der erhabene König persönlich auf dem grauen Pferd geritten und hinter ihm ein junger Mann. Wir hatten bis dahin noch nicht das Glück, ihn kennenzulernen."

„Wer war das?", fragte Klingsohr.

„Der Bruder der Königin, Berthold von Aquileia. Es folgte eine unüberschaubare Menge an staatlichen

Fahnenträgern und Bürgermeistern, Rittern und Schildknappen, alle in teure Pelze und Samt gekleidet. Als der prächtige Zug die Kirche erreichte, stiegen alle ab und der Festzug begab sich zum Taufbecken. Dann passierte etwas Außergewöhnliches."

„Was?"

„Merke dir das gut, edler Gelehrter! Vor vier Jahren schickte das Oberhaupt unserer Kirche, Papst Innozenz III. unserem Staat einen mit Bleibullen versiegelten Brief. Im Brief ordnete er an: Nach alter Sitte darf niemand sonst als nur der Erzbischof von Siebenbürgen die königlichen Nachfahren taufen."

„Ja, und?"

„Elisabeth hat nicht er getauft. Der Erzbischof von Siebenbürgen weilte zu dieser Zeit gar nicht in Bratislava. Berthold von Aquileia selbst zog das Erzbischöfliche Ornat an und taufte das Kind. Trotz seiner jungen Jahre hatte er bereits die Priesterweihe erhalten, und nun bereitet er sich auf das Studium in Vincenza vor. Man sagt, das mache er auf Wunsch der Königin Gertrud."

„Die Königin ist eine einflussreiche Frau und regiert mit eisernem Willen", merkte Klingsohr an.

„Wie wahr!", sagte der ergraute Priester und wurde ernst. „Eigentlich weiß ich", setzte er fort, „sie ist fromm und gottgefällig und ihre Heimat Meranien kann stolz auf sie sein. Doch leider ist sie ihren Verwandten zu sehr zugetan. Sie besetzt hohe Ämter mit ihren Liebsten; die ungarischen Herrschaften fühlen sich übergangen und sind verärgert!"

„Auch an den Toren des königlichen Schlosses steht ein deutscher Wachposten“, flüsterte Klingsohr.

„Unsere Neugeborene wird ein gottesfürchtiges Leben führen. Sie wird nicht nur die Zierde unseres Landes sein, sondern des ganzen Christentums, so, wie du es prophezeit hast, verehrter Meister!“

„Möge der göttliche Himmel ihnen allen dies schenken!“, äußerte Klingsohr.

Eine Zeitlang unterhielten sich die beiden noch, dann gingen sie zu Bett. Die Tage verbrachten sie mit klugen Gesprächen. Dann trafen sie folgende Absprache: Pater Benedikt bereitete sich auf die Pilgerreise zur Wartburg vor, so muss Klingsohr nicht dorthin zurückkehren. Pater Benedikt wird persönlich dem Thüringer Grafen die Neuigkeit überbringen, dass dem ungarischen König eine Tochter geboren wurde und dass sie Elisabeth heißt. Der erste Teil der Prophezeiungen von Klingsohr war bereits eingetreten und es bestand die Hoffnung, dass, so Gott will, auch der zweite Teil sich erfüllen wird.

Klingsohr verabschiedete sich von Pater Benedikt. Er bepackte das Pferd und ritt dem schönen Ungarn und Siebenbürgen entgegen.

Vor dem Burgtor: das zarte Mädchen Elisabeth bietet dem Bettler rote Äpfel an.

2.

Bischof Ekbert von Bamberg kam mit seinem großen Gefolge zum Landgrafen Hermann und der Landgräfin Sophia zu Besuch. Auf der Wartburg wurde er mit großer Freude empfangen. Ihm zu Ehren wurden großartige Feste gefeiert. Bereits am ersten Tag, gleich nach dem Festmahl, als sie unter sich waren, fand zwischen dem Bischof und dem Landgrafenpaar ein vertrauliches Gespräch statt. Der Bischof war ein bedeutendes Oberhaupt, adeliger Abstammung, Reichsfürst von Meranien, Bruder von Gertrud, der Königin von Ungarn.

Sie redeten über sehr Vertrauliches.

Der Bischof saß bequem auf dem vergoldeten Stuhl mit hoher Lehne. Die rot-violette Robe fiel ihm fließend bis zum Boden. Auf den gelbbraunen Stiefeln waren die Reitersporen zu sehen.

„Also warst du in Ungarn?“, fragte der Landgraf.

„Ja!“, antwortete der Bischof, „ich komme von dort, d. h. von meiner Schwester Gertrud. Ich habe sie ewig nicht mehr gesehen, deshalb weilte ich längere Zeit bei ihr in Ungarn.“

„Wie ist das Befinden der Königin?“, fiel ihm die Landgräfin Sophia ins Wort.

„Danke der Nachfrage, es geht ihr gut! In ihrem Gefolge befinden sich die einflussreichsten Herrschaften. Das Land ist groß und reich. Sie leben in Prunk und Glanz.“

„Und der König?“

„Er ist ein guter Mann, redet selten und wenn, dann sehr klug. Das zeichnet die Herrscher im Osten aus.“

„Mein Gott!“, seufzte die Landgräfin, „ich sorge mich, unser Plan könnte misslingen.“

„Ihr habt etwas vor mit dem König von Ungarn?“

„Ja!“, sagte die Landgräfin, „nicht gerade mit ihm, eher mit seinem Töchterchen.“

„Mit welcher von ihnen?“

„Hat der König mehrere Töchter?“

„Ja. Das erste Kind des Königs ist die nun siebenjährige Maria. Dann kam der Sohn Béla, der gleichzeitig der Thronfolger ist. Das dritte Kind ist die Elisabeth.“

„Genau um sie geht es!“, war Feuer und Flamme die Landgräfin.

Der Bischof wandte sich an das erhabene Ehepaar mit der Frage:

„Was wollt ihr von der kleinen Elisabeth?“

„Wir wünschen, sie möge die Ehefrau unseres Erstgeborenen werden.“

„Von Hermann?“

„Ja, von unserem Sohn.“

„Wie alt ist er?"

„Er ist vierzehn."

„Und warum sollte gerade Elisabeth seine Frau werden? Warum nicht Maria, die Erstgeborene des Königs? Elisabeth ist ganze zehn Jahre jünger als Hermann."

„Für diese Wahl besteht ein triftiger Grund", erwiderte der Landgraf langsam.

„Was für ein Grund sollte das sein?", fragte der Bischof neugierig.

Der Landgraf erzählte von Klingsohrs Prophezeiung. Wie dieser an dem Tag, als Wolfram von Eschenbach den Lorbeerkranz überreicht bekam, den Sternenhimmel erforschte. Der Bischof hörte aufmerksam zu und wurde ernst.

„Gott ist allwissend", sagte er und kreuzte andächtig die Hände, „wir müssen Seinen Willen erfüllen."

„Stimmt!", meinte lebhaft die Landgräfin, „wir fragen uns, wird der mächtige König im Osten darin einwilligen, seine Tochter mit dem jungen deutschen Landgrafen zu verheiraten?"

„Keine Sorge", winkte der Bischof ab, „Hermann wird einmal der Herrscher über Thüringen sein, er ist der Thronerbe."

„Doch leider auch des Kaisers feudaler Untertan."

„Und wenn! Er wird Regent! Gertrud wird erfreut darüber sein, ihre Tochter dem deutschen Fürsten zur Frau zu geben."

Im vertraulichen Gespräch entschieden sie in Hermanns Namen, um die Hand von Elisabeth zu bitten. Sie sollte dann auch gleich nach Thüringen gebracht werden. Hier, in der Wartburg, sollte ihre Erziehung stattfinden, bis sie alt genug zum Heiraten sein würde.

„Ich werde ihre zweite Mutter sein", sagte Sophia überglücklich.

Innerhalb weniger Tage wurde eine Gruppe bedeutender Gesandter zusammengestellt, die nach Bratislava aufbrechen wollten. Sie hatten die Aufgabe, um die Hand der jungen Prinzessin zu bitten und sie unmittelbar danach zur Wartburg zu bringen. Gautier Varilla, der Mundschenk des Landgrafen, war der Leiter der Gesandtschaft. Er war der treueste Diener des Thüringer Herrschers. Zu den Abgesandten gehörten viele erhabene Ritter, die von treuen und mutigen Schildträgern flankiert wurden. Auch Frauen waren Teil der Gruppe. Diese leitete eine junge und fähige Witwe. Ihr verstorbener Mann war der Ritter Egloff von Bendeleben. Sie wurde als Gouvernante für die kleine Prinzessin ausgewählt. Zu ihr gehörten noch einige edle Damen und viele Diener; die ganze Gemeinschaft sollte auf die seelische und körperliche Reinheit der kleinen Prinzessin achten.

An einem schönen Frühlingstag brach die Gesandtschaft Richtung Ungarn auf.

Die Männer ritten auf ihren Pferden. Die Damen, eingehüllt in große Pelze, fuhren in zwei Kutschen. Die Wagen waren gut beladen und mit Verdecks versehen. Bewaffnete Schildknappen geleiteten sie. In allen Landesteilen und wo immer die prächtige Gruppe auch vorbeikam, verbreitete sich schnell die Nachricht, Abgesandte der Thüringer Grafen seien auf dem Weg nach

Ungarn, um den ungarischen König aufzusuchen. Dort wollen sie um die Hand seiner Tochter bitten.

Anfang Sommer erreichte die Abordnung Bratislava.

Das ungarische Königspaar empfing die Gesandtschaft der Grafen mit Herzlichkeit, auch wenn sie noch nicht wussten, welches Anliegen diese vorbringen werden. Um die glückliche Ankunft zu feiern, bestellte man in der Kirche St. Peter in Bratislava einen Dankgottesdienst. Mittags wurde ein Festmahl zu Ehren der Gäste gegeben. Nach dem Festessen bat der Varilla um eine Privataudienz und um die Genehmigung, mit seinem wichtigsten Gefolge beim Königspaar vorsprechen zu dürfen.

Die Gesandtschaft wurde in dem prächtigsten Saal von König Andreas und Königin Gertrud empfangen. Den König schmückte eine kirschrote ungarische Pelzjacke. Die von der Statur her großgewachsene Königin Gertrud trug ein meeresgrünes Samtkleid. Sie saßen auf niedrigen Königsstühlen. Das Antlitz des Königs hatte die Farbe des Alabasters und er trug einen schmalen schwarzen Oberlippenbart. Freundlich forderte er die Gesandten auf, ihm doch zu erzählen, weshalb sie gekommen seien.

Varilla trat vor.

„Eure Hoheiten", sagte er, und seine Stimme zitterte vor Rührung, „zu Euren Füßen lege ich die Bitte meines geschätzten Landgrafen Hermann, des Herrschers über Thüringen, des mächtigsten deutschen Landgrafen, des Herrschers eines reichen und glücklichen Landes, des Verwandten und treuesten Freundes des Kaisers des Heiligen Römischen Reichs, sowie die Bitte seiner edlen Gemahlin, der Landgräfin Sophia. Der unauslöschliche Herzenswunsch wie auch das große Begehren meiner zwei hochgeborenen Freunde ist die Verlobung und dann die Heirat ihres erstgeborenen vierzehnjährigen Hermann, späteren Herrschers über Thüringen, mit der Tochter Eurer Hoheiten, der lieblichen Elisabeth. Ihr Name ist wie der Klang einer Harfe. Schon im Voraus verbreitet er sich im ganzen Land."

König Andreas schaute mit ernster Miene die Königin an, die in ihrer Schönheit strahlte.

Varilla erzählte, wie gütig und wohlwollend der Landgraf, der Herrscher von Thüringen, ist, wie fromm und voller Demut seine Frau, die Landgräfin Sophia; wie reich das Land ist, das die junge Elisabeth regieren wird, wie reich und treu das Volk: Es trinkt dunkles, gehaltreiches Bier und ernährt sich von Weizenbrot. Er lobte auch den angepriesenen Bräutigam. Für sein Alter sei er ein gut entwickelter, kräftiger, schöner Junge. Eigentlich bereits ein kleiner Ritter, ausgestattet mit allen Tugenden eines großen Ritters. Er habe ein frommes, gutes Herz und es fehle ihm nicht an Edelmut. Er sei wie ein junger Adler, kühn und furchtlos.

Als Varilla seine Rede beendete, wandte der König sich freundschaftlich an die Gesandten. Er teilte ihnen mit, er gelobe dem geschätzten Landgrafen von Thüringen christliche Liebe und Freundschaft.

„Ich muss noch die Bürgermeister befragen, ob sie der Verlobung und der Heirat unserer lieben Tochter Elisabeth mit dem Fürsten Hermann zustimmen. Ob sie damit einverstanden sind, dass wir Elisabeth in ihrem zarten Alter in ein so weit entferntes Land schicken dürfen."

Beim Abschied drehte sich die Königin Gertrud zu den Abgesandten und sagte:

„Ihr tugendhaften deutschen Ritter! Diese Angelegenheit können Sie ruhig mir überlassen."

Ermutigt durch die Freundlichkeit des Königs und die versprochene Unterstützung der Königin, verbrachte die Gesandtschaft gut gelaunt noch schöne Tage in Bratislava. Sie wurde auch nicht enttäuscht, denn die Bürgermeister stimmten der Verlobung zu. Auch die Königin stand fest hinter dieser Entscheidung. Der König berief erneut die Wartburger Herrschaften zu sich und verkündete ihnen: „Ich erkläre mich damit einverstanden, Elisabeth mit dem Erstgeborenen des Landgrafen Hermann zu verloben. Als Eltern fällt es uns schwer, uns von der kleinen Prinzessin so früh zu trennen und sie nach Thüringen zu den Eltern ihres Verlobten reisen zu lassen."

Als sie die gute Nachricht erhielten, hob sich die Stimmung unter den Gesandten. Sofort äußerten sie die Bitte, die kleine Prinzessin, die zukünftige Frau ihres Herrschers, so bald wie möglich sehen zu dürfen.

Die Königin, die scheinbar mit allem einverstanden war, erfüllte ihnen diesen Wunsch. Persönlich führte sie die Gäste aus Wartburg in den Teil des Schlosses, wo sich die Räume der kleinen Prinzessin befanden. Doch der Saal, in dem die Prinzessin mit ihrer Amme lebte, war leer. Die Königin meinte, Elisabeth sei bestimmt im Hof und spiele mit anderen Kindern. Alle folgten der Königin in den Hof. Dort sahen sie, wie die Königskinder mit den anderen Hofkindern zusammen spielten, doch Elisabeth war nicht unter ihnen. Die Königin war verärgert, weil sie mit den Gesandten so viel hin und her laufen musste. Aufbrausend sagte sie zu einer der Ammen:

„Wie passt ihr auf die Fürstin Elisabeth auf?"

Die Amme erstarrte.

„Eure Hoheit", stotterte sie, erblasste und fuhr dann fort: „Die kleine Fürstin ist wieder mal zu dem Südtor gelaufen."

„Und warum lässt ihr das zu?"

„Sie meinte, sie käme sofort wieder zurück."

„Gehen wir ihr nach!", sagte die Königin und machte sich in Richtung des südlichen Tores auf. Die Gesandtschaft folgte ihr.

Dort angekommen, bot sich ihnen ein beeindruckender Anblick.

Am Ausgang kniete ein alter Bettler, vor ihm stand in schneeweißem Kleid das schlanke Mädchen und bot ihm einen roten Apfel an. Auch der Wachposten kniete neben dem Tor und starrte das Mädchen an.

„Elisabeth!", rief die Königin.

Das Mädchen drehte sich um, und als es die Mutter sah, sprang ihr Herz vor Freude. Es breitete seine Händchen aus und lief zur ihr.

„Mama!“

Die Königin drückte das Kind an sich und gab ihm einen Kuss auf das Bäckchen und auf das schöne schwarze Haar. Dann sagte sie: „Kind, was machst du hier bei den Toren?“

Die kleine Elisabeth errötete, und um ihre Mutter zu besänftigen, antwortete sie: „Sei nicht böse, Mutter! Zur Mahlzeit bekam ich wunderschöne Äpfel, und die wollte ich mit jemandem teilen.“

„Du wolltest nach draußen?“, fragte streng die Königin.

„Gar nicht“, erwiderte schnell die Prinzessin, „an den Toren laufen Reisende, Pilger, arme Bettler vorbei.“

„Woher weißt du das?“

Das Mädchen wurde feuerrot und antwortete nicht. Die Königin ahnte etwas. Sie winkte den Wachposten zu sich.

„Du!“, sagte sie streng, „war die kleine Fürstin schon öfters hier am Tor?“

„Die junge Prinzessin Elisabeth kommt jeden Tag hierher zu dem Tor.“

„Was macht sie hier?“

„Sie verteilt Almosen unter den Armen.“

Die Gesandten beobachteten wortlos das Geschehen. Die Königin drehte sich zu ihnen um und sagte:

„Schaut her, das ist meine kleine Elisabeth, eure zukünftige Hoffnung.“

Die Gesandten schauten entzückt die kleine Prinzessin an, die eher einem Engel als einem Menschen glich. Überwältigt von dem Anblick breitete Varilla die Hände aus, ging zu der kleinen Elisabeth, kniete vor ihr nieder, senkte seinen Kopf und küsste den Saum ihres Kleidchens.

„Oh, meine engelsgleiche Gebieterin", flüsterte er zu Tränen gerührt.

Auch andere Gesandte kamen näher. Die für die Aufsicht der Prinzessin ausgewählte Edeldame, die Witwe des Ritters von Bendeleben, küsste das Händchen des Kindes.

„Oh, diese Händchen!", flüsterte sie bewegt.

Scheu zog die kleine Elisabeth ihr Händchen zurück. Verwundert schaute sie die unbekannte Frau mit der prächtigen Robe an. Dann sprach sie die Dame mutig an: „Ehrsame Dame, Sie sollten die Hand der Heiligen Jungfrau Maria küssen!"

Das waren die ersten Worte, die die kleine Elisabeth an die Thüringer Edelfrau und auch an andere anwesende Sterbliche aus Thüringen richtete.

Die Königin nahm das Kind an der Hand und ging in Begleitung der Gesandten zurück zum Palasthof, wo die Kinder spielten.

Ängstlich schauten die Ammen die ankommende Königin an. Als sie ihr fröhliches Gesicht sahen, verschwand die Furcht aus ihren Herzen.

„Passt auf sie auf!", sagte die Königin und überließ das Mädchen den Ammen. Gemeinsam mit den Thüringern begab sie sich ins Schloss, dabei flüsterten die Gesandten aufgeregt miteinander:

„Was für ein Kind! Was für ein edles Kind!"

„Eine richtige kleine Heilige!“, sagte Varilla.

Anlässlich der Verlobung ordnete der König eine dreitägige Feier im Schloss von Bratislava an. Zu den Feierlichkeiten wurden die vornehmsten Staatsmänner, einflussreiche Bürgermeister und deren Frauen eingeladen. Es kamen die besten Minnesänger und Musiker, die das Königspaar und die Gäste mit vorzüglicher Musik und Gesang unterhielten. Es fanden Ritterturniere statt, bei denen die edlen Knaben sich in diesem aristokratischen Spiel beweisen konnten. Die feinen, edlen Damen organisierten Spiele, sie sangen und tanzten. In diese Reigen wurden auch die Thüringer Gesandten einbezogen. Sie waren überwältigt ob so viel Prunk und Glanz im ungarischen Königsschloss.

*

Es kam der Moment, da die Abgesandten mit der kleinen Braut in Richtung Thüringen aufbrechen mussten. Den König und die Königin beschlich die Angst, ihr Kind könnte sich die Trennung zu sehr zu Herzen nehmen. Sie entschieden, zu ihr zu gehen, um sie auf den Abschied vorzubereiten.

Mit viel Einfühlungsvermögen versuchte die Königin der kleinen Elisabeth zu erklären, dass sie in ein fernes Land wird reisen müssen. Das Mädchen fing an zu weinen.

„Wann darf ich wieder zurückkommen?“, fragte sie unter Tränen.

Die Eltern trösteten sie mit dem Versprechen, sie dürfe nach Hause kommen, wann immer sie wolle.

Das Mädchen wurde ruhiger, und frohgemut bereitete es sich auf die Reise vor. Natürlich haben die wichtigsten Vorbereitungen die Eltern getroffen. Ihre Tochter sollte mit königlichen Verlobungsgeschenken und reicher Aussteuer ausgestattet werden.

Schön in Reihe geordnet, wurden tausend Stück Silbermünzen in eine schwere, eisenbeschlagene Truhe gelegt. Die Münzen waren für den Landgrafen bestimmt. Die Aussteuer der Prinzessin bildeten Kostbarkeiten, die die Königin mit Bedacht und persönlich auswählte. Dazu gehörte so schöner Schmuck, wie man ihn sich kaum vorstellen konnte. Es waren kunstvoll geschaffene Stücke aus Ost und West: eine große Badewanne, gefertigt aus purem Silber, dazu eine silberne Wiege; Geschirr, Bottiche, Krüge, Schüsseln, Kannen, Kelche, alles aus Gold. Die goldenen Schüsseln waren verziert mit teuren Steinen wie dem gelben Topas, den blutroten Rubinen und grünen Smaragden; wunderschöne, mit Veilchen- und Rosenmuster geschnitzte Truhen, Kästchen aus Elfenbein, alle bis zum Rand gefüllt mit Kleidern und Kostbarkeiten.

Unter dem persönlichen Schmuck waren Kopfschmuck, Halsketten, Ringe, Gürtel, alle mit Diamanten besetzt. Dazwischen lagen mit Gold durchwebte purpurfarbene Stoffe. Nicht zu vergessen das federleichte Leinen und schneeweiße Wäsche und die mit Flaum und Getreideflocken dicht gefüllten purpurfarbenen Kissen. All diese Schätze wurden im großen Saal aufgetürmt und feierlich den Gesandten übergeben.

„Ich grüße die Herrschaften!", sagte die Königin Gertrud, als die unzähligen Schätze übergeben wurden, „wenn es Gottes Gnade ist, dass wir lange leben, so werden diesen Schätzen noch andere folgen."

Der Anblick dieser Güter blendete die Thüringer. Mit Freude halfen sie beim Verladen der teuren, vor allem der zerbrechlichen Sachen in die vorbereiteten Kisten. Ganze dreizehn Wagen füllten sie mit den Kostbarkeiten. Das war eine königliche Aussteuer. Eine solche konnte nur der einflussreichste Herrscher bieten. Der König hatte für seine Tochter noch eine besondere Überraschung parat: Sechs wunderschöne Reitpferde versah er mit teuerster Ausstattung, und diese sollten der Prinzessin allein zur Verfügung stehen.

Genauso bekam jeder von der Gesandtschaft ein kostbares Geschenk, damit ihm die schönen Tage in Bratislava immer in Erinnerung bleiben würden.

Man stellte ein ungarisches Gefolge zusammen. Das sollte die Königstochter nach Thüringen begleiten und auch bei ihr bleiben. So hätte die Prinzessin Menschen um sich, die ihr ein Stück Heimatgefühl geben würden. – Der Prinzessin wurden zugeteilt: der Ritter Janosch Althan Dörinberg, ein Adeliger, ursprünglich aus der Steiermark stammend, dem Herzen nach ein Ungar. Er versprach, der kleinen Prinzessin als ihr Diener immer zur Seite zu stehen; weiters zwei ungarische Ritter: David und Farkas, sie wollten der Elisabeth vertrauensvolle Leibwächter sein. In das weit entfernte Thüringen begleiteten Elisabeth auch sechs edle ungarische junge Dienerinnen als Spielgefährtinnen, und zum Schluss natürlich auch die Amme, der die Königin endlos vertraute.

Endlich kam der Tag der Abreise.

Im Königsschloss versammelten sich Adelige, bedeutsame Bürgermeister und Ritter.

Die kleine Prinzessin trug einen seidenen, mit Gold und Silber verwobenen Rock. Händehaltend kam sie mit den Eltern in den Hof. Hinter ihnen schritten Elisabeths Geschwister und das ganze reisebereite Gefolge. Hier fand die feierliche Übergabe statt. Der König rief das Oberhaupt der Thüringer Gesandtschaft, Varilla, zu sich und sagte:

„Deinen ritterlichen Tugenden vertraue ich mein Kind an. Verspreche mir, immer ihr Beschützer und Förderer zu sein!"

Varilla kniete vor den König und hob seine Rechte. Er leistete seinen Eid:

„Ich schwöre beim Heiligen Kreuz, mein Leben lang Elisabeths Beschützer und Förderer zu sein."

„Gott segne dich!", antwortete der König.

Unter Tränen umarmten und küssten der König, die Königin und die Geschwister ihre kleine Elisabeth. Nur schweren Herzens konnte die Königin ihr kleines Kind gehen lassen.

„Oh, mein liebes Kind, Gott sei mit dir, mein goldenes Herzblatt."

Die Diener legten die Prinzessin in die silberne Wiege, und vier Schildknappen brachten sie in den mit einer Plane bedeckten Wagen. Vor den Wagen gespannt waren vier pechschwarze Hengste. Die Zofe Egloff von

Bendeleben, zwei ungarische junge Dienerinnen, die als Spielgefährtinnen bestimmt waren, und die Amme gesellten sich in den Wagen zu Elisabeth. Die anderen Damen der Gesandtschaft bestiegen die Folgewagen. Varilla, die Ritter David und Farkas sowie andere Ritter und die Schildknappen bestiegen ihre Pferde. Laut ertönte das Horn, und die Kolonne verließ durch das Südtor und unter traurigen Zurufen der Daheimgebliebenen das Schloss von Bratislava.

Weinend schauten die Königsfamilie und alle Anwesenden der Staubwolke hinterher, die die abfahrenden Wagen hochgewirbelt hatten. Später kehrten sie ins Schloss zurück. Ihre Augen verrieten, wie gerührt sie alle waren.

Die Königin konnte ihre Traurigkeit und den Schmerz nur schwer ertragen. Alleine stieg sie den südlichen Wehrturm empor, und mit ihrem weißen, goldumrandeten Taschentuch winkte sie den Reisenden so lange hinterher, bis diese am Horizont verschwanden. Ihr Schleiertuch wehte im Juliwind.

Die Verlobungszeremonie des jungen Landgrafen Hermann mit Elisabeth. Fürstin Sophia und Fürst Hermann segnen die beiden.

3.

Auf dem Wehrturm der Wartburg wurden die Rufhörner geblasen. Ihre tiefen Töne hallten von den Steinmauern und breiteten sich durch das Tal in die Wälder aus.

Der Hofmeister Meinhard von Mühlberg kam in das Zimmer des Landgrafen gerannt. Ganz außer Atem sagte er:

„Eure Hoheit, sie kommen!“

In hellster Aufregung rannten der Landgraf und seine Gemahlin nach draußen. Der Hofmeister wäre fast gestürzt, als der Landgraf an ihm vorbeihastete und mit ihm zusammenstieß. Das Fürstenpaar eilte zur Aussichtsluke, um schnellstmöglich die Rückkehrer zu erspähen. Als sie ins Tal schauten, sahen sie die Gesandtschaft, die sich um viele mit Ware schwer beladene Wagen erweitert hatte. Weil sie die Wartburg mit nur zwei Wagen verlassen hatten, war sofort klar, dass sie die kleine Prinzessin mitbringen. Das Fürstenpaar, übermannt von so viel Glück, kniete an Ort und Stelle nieder. Sie dankten Gott, weil er ihren Wunsch erhört hatte.

Mit lautem Getöse verteilte sich die Gesandtschaft auf dem Gelände der heutigen Stadt Eisenach unterhalb der Wartburg. Die Bevölkerung drang auf die Straßen, um die kleine Prinzessin zu sehen.

Schnell sattelte das Fürstenpaar die Pferde und ritt in Begleitung einiger Ritter den steilen Weg vom Schloss hinunter ins Tal der kleinen Braut entgegen. Dort erwartete sie ein großer Menschenauflauf. Nur schwer bahnten sie sich den Weg durch die Menge zum Haupttor, wo die müden und staubigen Gesandten ankamen.

Als die beiden das Stadttor erreichten, hob die Hofdame die in prächtiges Gewand gekleidete Prinzessin aus dem Planwagen empor und übergab sie dem Fürstenpaar.

Der Herrscher über Thüringen umarmte liebevoll die kleine Elisabeth.

„Mein Goldkind!", sprach er mit sanfter Stimme und reichte das Mädchen weiter an die Landgräfin Sophia. Mit freudigen Rufen drückte sie das Kind an ihre Brust.

„Meine Einzige!", rief sie ganz begeistert und entzückt und überschüttete das wunderschöne Mädchen mit Küssen.

Die deutschen und ungarischen Gesandten traten vor das Landgrafenpaar und wurden von ihnen mit großer Freude und Dankbarkeit empfangen.

Mit besonderer Herzlichkeit begrüßte der Landgraf Varilla, weil dieser mit seiner Sprachgewandtheit viel zum Erfolg der thüringischen Abgesandten beigetragen hatte. Während sie das glückliche Ankommen feierten, bemerkten sie nicht, dass die Sonne bereits unterging und es im Tal immer dunkler wurde. Nur noch oben auf dem Berg leuchteten die Burgtürme in der goldenen Sonne. Der steile Weg hoch zur Festung war auch im Schein der Fackeln sehr gefährlich. In dieser Dunkelheit war es unmöglich, mit dem lieben kleinen Gast und mit den voll beladenen Wagen zur Burg zu gelangen. Deshalb wies der Fürst die ganze Gesandtschaft an, die Nacht in Eisenach zu verbringen.

*

„Auch ich bleibe hier unten im Tal“, sagte glücklich Sophia.

Der Fürst willigte gerne ein. So begab sich das Fürstenpaar mit der kleinen Elisabeth, den Rittern und den Wagen in die Herberge Hellgrevenhof, die sich inmitten der Stadt befand. Der Wirt empfing die hohen Herrschaften mit einer tiefen Verbeugung. Die Bevölkerung postierte sich um das Haus herum und feierte die kleine Prinzessin.

Der Fürstin und der kleinen Prinzessin wurde ein Schlafplatz im schönsten Zimmer der Herberge zugeteilt. Landgraf Hermann ritt zurück zur Burg, um alles Nötige für die festliche Ankunft am nächsten Morgen vorzubereiten. Neben ihm marschierten die Schildknappen und trugen brennende Fackeln. Die Gesandten blieben im Hellgrevenhof und begaben sich bald zur Ruh.

Auf den Straßen von Eisenach tanzten die Leute bis tief in die Nacht hinein. In der Ankunft der kleinen Prinzessin sahen sie einen sicheren Aufschwung und eine Blütezeit des Landes Thüringen kommen.

Erst nach Mitternacht kehrte Ruhe in der Stadt ein.

Am nächsten Tag wurde ein festlicher Empfang für die kleine Elisabeth auf der Wartburg vorbereitet. Fürstin Sophia und ihr zukünftiges Schwiegertöchterlein nahmen Platz in einer mit vergoldeten Spitzen verzierten offenen Kutsche. Die Gesandten zogen festliche Kleider an. Auch die Ritter und Schildknappen glänzten in Gold und Silber. Sie machten sich Richtung Burg auf. Ein steiler Weg führte dorthin. Rechts und links davon standen dunkle Kiefern und dicke Eichen. Auf den einzelnen, in die Höhe ragenden Felsen standen bewegungslos die Gämsen und starrten die Ankömmlinge an. Aus dem Wald war der Chor der singenden Vögel zu hören.

Der kleinen Elisabeth wurde es schwer ums Herz.

Sie sah hohe Felsen, dunkle Kiefern, rechts und links tief klaffende Schluchten und ganz oben eine hohe steinerne Burg. Dorthin steigen zu wollen war lebensgefährlich. Die Burg sah aus wie ein in den Himmel ragendes Gebäude. Mit ihren vielzähligen winzigen geschlossenen Fenstern glich sie einem angsteinflößenden Kerker.

Vor dem geistigen Auge der kleinen Prinzessin erschien das Bild des von der Sonne erstrahlten, freundlichen, mit beeindruckenden Türmen, mit weiten Aussichtspunkten und blühenden Gärten umgebenen

Schlosses in Bratislava. Der Vergleich fiel zuungunsten ihres neuen Zuhauses aus. Doch sie konnte es sich nicht erlauben, lange zu träumen. Die feierliche Prozession näherte sich bereits den Eingangstoren der Wartburg. Der Fürst Hermann wartete in seinem majestätisch festlichen Gewand auf die Ankommende.

Der Burghof füllte sich mit Bürgern und Bürgerinnen aus Eisenach. Gemeinsam mit den Wartburger Edelmännern und Edelfrauen betrachteten sie neugierig die vergoldete Kutsche, aus der die Fürstin Sophia die kleine Prinzessin hob. In dem Augenblick, als die Prinzessin Elisabeth das erste Mal ihren Fuß auf die Wartburg setzte, ertönten die Hörner auf dem Turm. Der Fürst wandte sich an die ergriffenen Höflinge und deutete auf Elisabeth:

„Schaut, das ist das Kind, das uns Gott und der ungarische König gesandt haben!“

„Heil! Heil!“, tönte orkanartig und unter lauten Zurufen die allgemeine Begeisterung.

Jauchzende und jubelnde Stimmung verbreitete sich in der mächtigen Burg. Die Fahnen mit Burgwappen wehten im Wind, Fanfaren erklangen, als das Fürstenpaar, die kleine Elisabeth an der Hand, in den Palast zur feierlichen Verlobungszeremonie schritt. Ihnen folgte der ganze Hofstaat. Zum Fest eingeladen waren auch die bedeutendsten Edelmänner und Edelfrauen.

In einem der großen Säle warteten Fürstenkinder auf die junge Braut. Hermann, der junge Bräutigam, war bekleidet mit dem schönsten Waffenrock, den man sich nur denken konnte. Das Waffenkleid war aus hellblauer Seide gefertigt und mit schmucker, glänzender Goldborde umrundet. An der Hüfte trug der junge Hermann sein Schwert, das prunkvoll beschlagen war. Mit seinen vierzehn Jahren sah er wie ein echter Ritter aus. Er war groß und schlank. Nur die Frische und das Weiß seines Gesichts zeugten davon, dass er noch ein Kind war.

Neben dem Bräutigam standen seine Brüder, darunter der bemerkenswerte elfjährige Ludwig mit seinem goldblonden Haar. Das Landgrafenpaar führte die kleine Elisabeth in den Festsaal, in dem die Verlobung stattfinden sollte. Fürst Hermann wandte sich an seinen Erstgeborenen mit den Worten:

„Schau, hier kommt deine Verlobte. Sie ist ein wahres Geschenk Gottes!"

Mir rosig-rotem Gesicht schaute der junge Landgraf Hermann das Mädchen an, das in schneeweißem, von Gold und Silber funkelndem Kleid vor ihm stand. Wie es die Regel besagte, kniete er vor der jungen Elisabeth nieder und küsste ihr sanftes, liebliches Händchen. Das Fürstenpaar breitete die Hände über der kleinen Elisabeth und dem jungen Hermann und segnete damit die Verlobten. Im feierlichen Schweigen und zutiefst gerührt gingen alle in die Wohnräume des jungen Hermann. Diese waren wunderbar geschmückt mit Gardinen, glänzenden Schildern und fürstlichen Fahnen. Mitten in einem der Säle stand ein breites Bett. Darauf lag ein Teppich als Überwurf. Sein Bund war mit karminroten und hermelinweißen Fäden umsäumt und in der Mitte prangte das große, goldene Familienwappen.

Nach der damaligen Sitte musste sich das junge Brautpaar auf das symbolisch und prachtvoll vorbereitete Lager legen. Mit großer Sanftheit hob die Fürstin Sophia die kleine Prinzessin auf das Bett. Genauso sanft beugte sich Hermann über seine junge Braut.

Damit endete die Verlobungszeremonie. Die Eltern und das ganze Gefolge begleiteten die kleine Prinzessin zu ihren neuen Gemächern, damit sie sich dort niederlassen und sich von der anstrengenden Reise erholen konnte. Ihre ganze Aussteuer, teure Möbel, Kleider, die Schätze und die silberne Wiege brachten sie im größten der Säle unter. Die Räume nebenan bewohnte das ungarische Gefolge, die jungen Burgfräuleins, die Amme und die Hofdame. Gegenüber den Gemächern der kleinen Prinzessin bezogen die Fürstenkinder ihre Räume. Zwischen beiden Quartieren lag ein großer Saal, in dem die Kinder unter Aufsicht der Ammen und der Hofdamen spielen konnten. Das Fürstenpaar ordnete an, dass die Hofkinder der kleinen Elisabeth Gesellschaft leisten sollten, allen voran die fast gleichaltrige kleine Fürstin Agnes. Unter den jungen Wartburger Hofmädchen, die mit Elisabeth spielten, waren auch Guda und Isentrud. Deren Zuneigung, Freundschaft und Treue zur Prinzessin hielt ihr Leben lang.

Nach der feierlichen Verlobung und nachdem die kleine Prinzessin mit ihrem Gefolge untergebracht war, folgte ein fürstliches Fest. Um das bedeutsame Ereignis zu feiern, ordnete Fürst Hermann einen Dichterwettbewerb und Ritterspiele an. Der Landgraf veranstaltete gerne sehr große Gesellschaften auf seiner Burg. Diese machten ihn weit über die Grenzen Thüringens bekannt. Alle Welt redete von den Sängerwettbewerben auf der Wartburg. Allerdings wusste niemand, wie viel von seinem Vermögen diese großen Veranstaltungen und die teuren Geschenke den Landgrafen kosteten. Fürst Hermann musste sich Gedanken darüber machen, entweder die großen Festivitäten einzuschränken und die teuren Präsente zu reduzieren oder nach neuen Einnahmequellen zu suchen. Demzufolge kam es ihm zugute, dass die kleine Elisabeth eine bedeutsame Mitgift auf die Wartburg brachte. Darüber hinaus versprach die Königin Gertrud zu den bereits gesandten wertvollen Geschenken noch größere und noch edlere nachzuschicken. Somit wichen jegliche Sorge und Angst vom Fürsten. Die Verlobungsfeier übertraf an Glanz und Pomp bei weitem alle vorhergehenden Feste und Gastmahle. Aus dem ganzen Land reisten Freiherrn, Ritter und berühmte Dichter an. Aus Eisenach gesellten sich große Herrschaften dazu. Höflinge und die Ritter waren mehrere Wochen Gäste des Fürsten. Einem Festspiel folgte das Nächste. Musik und Tanz begleiteten Dichterwettbewerbe und Ritterspiele. An allen diesen Veranstaltungen nahm auch die kleine Elisabeth mit ihren Geschwistern, den Kindern des Fürstenpaares sowie den ungarischen und deutschen adeligen Mädchen teil. Während alle glücklich und begeistert waren, konnte die junge Prinzessin dem Reigen nicht allzu viel abgewinnen. Wenn sie den schönen

Festen und Ritterturnieren beiwohnte, wirkte sie oft blass, und ihr Gesicht zeugte von Müdigkeit. War die Fürstin Gertrud einmal besorgt, dann sprach sie die kleine Prinzessin an:

„Ist dir unwohl? Was bedrückt dich, meine Kleine?"

„Oh, es ist nichts, gar nichts!", antwortete die kleine Elisabeth. Es war ihr jedoch anzusehen, dass die weltlichen Feste ihr nahezu eine Last waren.

Sie atmete auf, wenn die Feiern beendet waren, die Mehrheit der Gäste sich in ihre Gemächer zurückzog und der dauernde Lärm sich legte.

Es kam die Zeit, als auch auf der Wartburg der Alltag einkehrte. Das waren Tage, an denen viel gearbeitet wurde. Die kleine Elisabeth war bereits in dem Alter, in dem mit der geistigen und seelischen Bildung begonnen werden musste. Die älteren Fürstenkinder konnten schon lesen und schreiben. Zwei von ihnen, Hermann und Ludwig, hatten sich schon in den „sieben freien Künsten" ausbilden lassen. Sie hatten bereits das „Trivium" und „Quadrivium" abgeschlossen. Auf der Wartburg befanden sich viele Originalhandschriften und viele kostbare Pergamente, die von großer Seltenheit waren. Diese stammten aus berühmten deutschen Klöstern oder sie wurden von dort ausgeliehen. Das Fürstenpaar wie die Fürstenkinder konnten sich dieser bedienen, sie lesen und daraus lernen. Viele Äbtissinnen oder Klostervorsteherinnen waren Gelehrte, sodass sich die weltlichen Herrscher mit der Bitte um einen Rat an sie wenden konnten. Mit teuren Geschenken und mit Möbeln hatten sie dann die Handschriften erworben, die von künstlerisch begabten Mönchen mit einmaligen Miniaturen und Initialen verziert worden waren.

Der Landgraf von Thüringen war ein bekannter Mäzen der Dichter und Künstler. Was die Menge an kunstvollen Pergamentrollen und Handschriften anging, konnte es niemand mit ihm aufnehmen. Er war es auch, der anordnete, dass auch die kleine Elisabeth mit dem Unterricht beginnen musste. Sie bekam gebildete Lehrer und Erzieher an die Seite gestellt. Tag für Tag unterrichteten sie die kleine Elisabeth und die kleine Fürstin Agnes und vermittelten ihnen das Wissen. Bei schönem Wetter fand der Unterricht auf dem Burghof, an der Steinmauer oder im Schatten dunkler Kiefern statt. Eifrig und strebsam hörte Elisabeth ihren Lehrern zu. War sie auch artig und fleißig beim Lernen, so war sie doch unkonzentriert. Oft wurde ihr bewusst, dass ihre Gedanken in ein fernes, sonniges, mildes Land schweiften und sie sich plötzlich auf dem hellen Balkon des Schlosses von Bratislava fand. Von dort aus schaute sie auf den leuchtend königlichen Fluss, die Donau; in ihrem Inneren sah sie den schweigsamen Vater mit seinem sanften Alabastergesicht und die mächtige Mutter mit ihrem heißen, liebenden Herzen, die Brüder und Schwestern und am Schlosstor den Wachposten und die gottesfürchtigen Bettler, die sich kniend für den geschenkten roten Apfel bedanken.

„Wohin fliehen Ihre Gedanken, Hoheit?", fragte schon einmal etwas strenger die Hofdame. Elisabeth erzitterte dann vor Angst.

Wenn einmal kein Unterricht war, spielten ihre Gefährtinnen im Hof oder unter den ausladenden Baumkronen der Eichen. Sie erfreuten sich an den Kinderspielen und Kinderfesten. Die kleine Elisabeth aber saß still mitten unter ihnen und mit verschränkten Armen starrte sie in die Ferne. Manchmal zog sie sich zurück in eine versteckte Ecke des Hofes und schaute einfach vor sich hin.

„An was denkst du?", fragten vertrauensvoll und nichts ahnend die Kameraden.

„An was denke ich? Ich denke an mein Zuhause in Ungarn, ich möchte nach Hause! Nach Ungarn!"

Tränen flossen aus ihren großen schwarzen Augen. Immer größer wurde ihr Heimweh nach Eltern und dem Zuhause. Fremde Umgebung und fremde Gewohnheiten empfand sie als fast unerträglich. Nur ihre ungarischen Begleiter vermochten sie noch zu trösten. Wenn sie in ihrer Anwesenheit über die Heimat sprachen, leuchteten Elisabeths Augen vor Freude, und ihr blasses Gesicht bekam die Farbe einer blühenden Rose. Aber nach solchen Gesprächen sehnte sie sich nur noch mehr nach ihrer richtigen Heimat, von der sie so jung hatte Abschied nehmen müssen. Die neue Heimat vermochte ihr das süße Gefühl nicht geben, das die Herkunft einem geben kann.

Die Wartburg konnte nicht ihr Zuhause werden. Den Fürsten plagten Sorgen um seine Ländereien. Er hatte keine Zeit für die kleine Elisabeth. Auch wenn sie selbst Mutter war, hegte die Fürstin keine mütterlichen Gefühle für die kleine Prinzessin. Sie benahm sich

Elisabeth gegenüber herzensfreundlich und schenkte ihr von der Mitgift immer wieder einmal kleine Kostbarkeiten, aber es kam bei ihr nie das Gefühl einer liebevollen Zuneigung auf. Nie hatte sie mit heißer Liebe und milder Zärtlichkeit die fremde Prinzessin umarmt. Auch hatte sie diese nie besorgt gefragt:

„Was bedrückt dich, mein kleines Mädchen?"

Bestimmt aber sah die Fürstin, dass auf der kleinen Prinzessin eine schwere Bürde lastete und sie ganz betrübt und unglücklich war. Anstatt sich um Elisabeth zu kümmern, ging sie immer ungeduldiger mit ihr um. Sie war nicht liebevoll zu ihr, im Gegenteil, sie schalt das Mädchen wegen ihrer kindlichen Verträumtheit und ihrer wehmütigen Blicke.

Wenn die kleine Prinzessin den Lernstoff nicht fehlerfrei wiedergeben konnte, wurde sie nervös und schimpfte:

„Was soll nur einmal aus dir werden?"

Und mit der Zeit sah die kleine Elisabeth in der Fürstin auch nicht mehr ihre zweite Mutter, sondern eine wütende und strenge Frau, vor der sie Angst haben musste und vor der sie ihre feinsinnigen Gefühle verstecken musste.

„Lieber Gott, hab mich lieb!", seufzte die kleine Prinzessin und verbarg ihre Tränen. Weil sie auf der Wartburg die Süße einer herzlichen Liebe nicht fand, suchte sie diese mit Inbrunst und kindlicher Zuversicht in Gott. Ihre Seele, die zur Frömmigkeit neigte, näherte sich immer mehr dem Zustand der „In die Ruhe Gottes kommen" genannt wird. Diese

Ruhe verwandelte sich mit der Zeit in die brennende Sehnsucht nach Gott. So wie der Meeressturm ein kleines, schwankendes Boot stetig zum ruhigen Hafen treibt, so haben die Kälte und Gefühllosigkeit, die der kleinen Elisabeth in der Burg entgegengebracht wurden, das Mädchen immer mehr zu Gott und den Engeln hingetrieben. In ihnen suchte sie Trost und Ruhe. Immer seltener wurde sie bei den Spielen auf dem Burghof gesehen. Dafür wurde die Burgkapelle der Ort, in den sie sich, der Eingebung ihres Herzens folgend, zurückzog. Dort verbrachte sie viele Stunden mit frommen Gebeten. Zu ihrer Begleitung suchte sie aus den Reihen ihrer Spielgefährtinnen die, deren Geisteshaltung der ihren ähnelte. Es war erschütternd anzusehen, wie vier- und fünfjährige Mädchen in der dunklen Kapelle auf kaltem Stein kniend ihre kindlichen Seufzer zur Mutter Gottes, der Jungfrau Maria, sandten. Die armen weisen Mädchen suchten dort oben über den Wolken nach einer Mutter.

Es kam oft vor, dass die kleine Elisabeth mit ihren Kameradinnen auf eine abenteuerliche Entdeckungsreise rund um die Wartburg ging. Sie setzten sich auf die mit weichem Moos bewachsenen Felsbrocken und unterhielten sich leise. Die kleine Elisabeth erzählte dann kleine Geschichten, so wie sie es immer machte. Ihre Geschichten waren nicht unheimlich, sie zerstörten nicht den Seelenfrieden der Zuhörer. Sie klangen keineswegs bedrohlich, gaukelten nichts vor und jagten niemandem Angst vor den Hexen ein. Damit erschreckten mit Freude nur weltliche Personen die empfindliche Seele der Kinder. Elisabeth erzählte sonnige, bezaubernde Legenden aus dem Leben dieses oder jenes Heiligen. Diese Geschichten hatte sie bereits Zuhause von ihrer ungarischen Amme oder ihrer eigenen Mutter gehört. Diesen Legenden entströmten Lebensweisheiten, wie der göttliche Duft von Veilchen entweicht.

Bei einem dieser abenteuerlichen Ausflüge gelangten die Mädchen zum Friedhof von Eisenach. Er war von einer Steinmauer umgeben, und mitten auf dem Gelände befand sich eine schmale, düstere Friedhofskapelle.

Die Mädchen erschraken und wollten umkehren.

„Habt keine Angst!“, sagte die junge Elisabeth ermutigend. Es gelang ihr, die Mädchen zu überreden, mit ihr auf den Friedhof zu gehen. Die kleinen Hofdamen hatten Angst, als sie zwischen den eingefallenen Gräbern umher schritten. Auf manchen befand sich ein schwerer Marmorgrabstein, auf anderen wiederum ein gewaltiges Holzkreuz, wie ein Glockenturm hoch. Auf diesen Grabmalen standen geschrieben oder eingeschnitzt die Namen der Verstorbenen, dazu fanden sich Symbole aus den frühen Jahren des Christentums. Die Mädchen buchstabierten neugierig die Aufschriften. Die kleine Elisabeth sprach dabei ernsthaft über die schrecklichen und fürchterlichen Wahrheiten. Diese Worte aus dem Kindermund zu hören war befremdend und ungewöhnlich.

„Hier liegen die armen Toten!“, meinte Elisabeth ganz entzückt, „früher waren sie die, die wir jetzt sind.

Und auch wir werden einmal so sein wie die, die jetzt hier liegen!“

Die kleinen Freundinnen starrten sie an. Elisabeth aber kniete auf den grünen Rasen des Friedhofs nieder und bat sie mit ernster Miene:

„Kniet neben mich und betet mit mir für die Toten. O süßer Jesu Christ, der du leidvoll am Kreuz gestorben bist, und deine Mutter, die Jungfrau Maria, rette diese Toten aus dem Totenreich. Uns Lebenden sei gnädig, dass wir gut werden und wir direkt vor dein freudiges, göttliches Antlitz treten können.“

Das fünfjährige kleine ungarische Mädchen und ihre ein Jahr älteren ungarischen und deutschen Kameradinnen knieten auf dem fremden und finsteren Friedhof. Hier schliefen die womöglich einmal ungehaltenen und gnadenlosen Ritter und warteten darauf, dass ihre Seelen aus dem Gefängnis befreit werden. Einst haben sie in Schlachten gemordet und liegen jetzt, brüderlich vereint einer neben dem anderen, in der Grabesstille.

Die für ihr Alter scheinbar so reifen Mädchen handelten sehr erwachsen. Das wiederum kann nur denjenigen seltsam erscheinen, die nicht wissen, dass die Kinder damals bereits in den jüngsten Jahren richtige Theologen waren. Die Wahrheiten des christlichen Glaubens haben sie sozusagen mit der Muttermilch eingesogen. Über die tiefsten Fragen des Glaubens redeten sie wie erwachsene Gelehrte. Es könnte sein, dass ihre Sprache und ihr Tun etwas naiv waren, doch es lag immer die tiefste Überzeugung darin.

Obwohl zu der Zeit der Glaube und die Geisteshaltung große Bedeutung hatten, erweckte die Frömmigkeit der kleinen Elisabeth große Aufmerksamkeit. In ihrem engsten Kreis nannten die Leute sie „Kleine Heilige". Das war mal im Ernst, mal im Scherz gesagt, und manchmal machten sie sich sogar lustig darüber.

Dieser Spitzname weckte auf der Wartburg gemischte Gefühle, gelegentlich sogar Hass. Der Fürst Hermann und seine Familie waren zwar sehr gläubig, doch ihre Lebensweise, die vielen Feierlichkeiten, Gesellschaften, Veranstaltungen zeugten davon, dass ihnen das irdische Vergnügen sehr am Herzen lag. Die Wartburg war für sie kein strenger Ort, kein Kloster mit Klausur. Sie war das Zentrum des Fürstentums mit der ganzen herrlichen Pracht und mit Festen, die nur die größten Fürstentümer bieten konnten. Die allgemeine Meinung war: Diese „kleine Heilige", diese kleine Prinzessin, die sie ins Land gebracht hatten, damit sie eines Tages den Thronfolger heiratet, passte nicht gerade in diese glänzende weltliche Umgebung. Von ihr wurde erwartet, dass sie einmal in vollem Glanz und in ihrer ganzen Herrlichkeit neben ihrem Mann strahlen würde.

Mit immer stärkerer Abneigung verfolgte Fürstin Sophia die geistige Entfaltung der kleinen Prinzessin. Sie bemühte sich, Elisabeths Frömmigkeit Grenzen zu setzen, und auf keinen Fall wollte sie, dass sich diese verstärkte. Von Zeit zu Zeit sprach sie mit ihrem Gemahl Hermann über die Zukunft des Fürstentums und der Fürstenfamilie. Bei diesen Gelegenheiten erwähnte sie auch die übertriebene und ernsthafte Gläubigkeit der kleinen Elisabeth. Dabei redete sie nicht gerade liebenswürdig über ihre zukünftige Schwiegertochter. Der Herzog selbst befand sich inmitten vieler Sorgen und Feste. Er maß den unangenehmen Nachrichten, die über das kleine, noch nicht erwachsene Mädchen verbreitet wurden, keine große Bedeutung bei. Er versuchte die Herzogin mit dem Gedanken zu beruhigen, dass mit der Zeit schon alles gut werden würde. Sophia mischte sich alsdann nicht mehr in die Lebensweise des Mädchens ein. Die mütterliche Zuneigung, die sie bei der Ankunft der kleinen Elisabeth mit großer Macht übermannt hatte, wurde schwächer und verlor sich mehr und mehr. Immer öfter heuchelte sie dem Mädchen Liebe vor. Ihre zunehmende Unfreundlichkeit Elisabeth gegenüber wurde immer spürbarer, denn im Gegensatz dazu verwöhnte und verhätschelte die Fürstin ihre eigene Tochter Agnes zu sehr. Der so unterschiedliche Umgang der Landgräfin mit den beiden Mädchen färbte auf den ganzen Hof ab. Es war gerade einmal ein Jahr her, dass die kleine Elisabeth auf die Wartburg gekommen war, und schon wurde sie für die Wartburger Hofgesellschaft unbedeutend. Sie war nicht mehr die angesehene Persönlichkeit, mit der man rechnen konnte und um die sich alles drehen müsste. Die nötige Achtung, besondere Aufmerksamkeiten und Ähnliches ihr gegenüber hatten die Höflinge gänzlich abgelegt. Dieses schlechte Verhalten der Hofdamen und Hofherrn verbreitete sich immer weiter und vergiftete immer mehr die Beziehungen aller zu Elisabeth. Sogar die Lehrerin sprach bald herabwürdigend und demütigend mit dem kleinen Mädchen.

Das Fest und die Wahl des Heiligen, des himmlischen Schutzpatrons, standen an.

In jeder herzoglichen, jeder adeligen und ehrwürdigen Familie war es Sitte, den jungen Mädchen einen der zwölf Apostel als ihren Schutzpatron zuzuteilen. Diesen mussten sie dann auf eine besondere Weise ehren. Auch auf der Wartburg bereiteten sich alle mit großem Eifer auf dieses schöne religiöse Fest vor. Neben vielen anderen Hofmädchen konnten dieses Mal auch die kleine Elisabeth und die Fürstin Agnes, die Tochter des Fürstenpaares, ihren Schutzpatron wählen.

Die kleine Elisabeth verehrte am innigsten den Apostel Johannes. Unter den zwölf Aposteln des Erlösers war Johannes der Einzige, der aus einer angesehenen Familie stammte, gute Ausbildung genoss und bereits in seinen jüngsten Jahren in die apostolische Gruppe eintrat, die aus elf älteren Fischern und einfachen Arbeitern bestand. Die kleine Elisabeth beeindruckte der hl. Johannes am meisten, weil dieser edle und gebildete junge Mann das Elternhaus, sein Hab und Gut und seine Freunde verließ und unter die Jünger des einfachen Lehrers aus Nazareth trat. Sehr beachtlich fand sie Johannes Liebe und Treue zu Jesus. Dieser Liebe war kein anderer Apostel fähig. In den dunklen Stunden des Leidens des Herrn haben alle ihren Lehrer verlassen und der Apostel Petrus verleugnete ihn. Da stand der Jünger Johannes unter den majestätisch großen, schwefelgelben Wolken und inmitten blendender Blitze treu unter dem Kreuz. Als sie Jesus kreuzigten, wollte er für dessen Mutter, deren Herz leidvoll war, der Tröster sein. Niemand, außer seiner Mutter natürlich, kam der glückbringenden Person des Gottmenschen so nah wie gerade er. In den dramatischen Stunden des letzten Abendmahls hat Jesus den geldgierigen und habsüchtigen Judas, der die Silberlinge gerne für sich behielt, enttarnt. Als er diese schreckliche Sünde und die Undankbarkeit vernahm, brach Johannes machtlos an der Brust des Erlösers zusammen. An der Brust Jesu ruhend, konnte er sein Herz schlagen hören. Er hörte die Verkündung der Welt-Rettung, für die der Gottessohn geschickt wurde, und es klang für ihn wie beglückende Zukunftsmusik. Am Vorabend seines Lebens verkündete der heilige Johannes das Herzstück des Evangeliums: „Kinder, lasst uns einander lieben." In der Seele der kleinen Elisabeth lebte diese Weisung als zukünftiges und schönes Ideal. Die kleine ungarische Prinzessin war für den Glauben empfänglich, und die Persönlichkeit des heiligen Johannes beflügelte sie in ihrer Liebe zu Gott und zu den Mitmenschen. So war es verständlich, dass Elisabeth den Apostel Johannes als ihren himmlischen Schutzpatron auswählte.

Die Höflinge traten in die Wartburger Kapelle, die zu diesem Anlass besonders schön geschmückt worden war. Nach der Messe segnete der Priester die zwölf großen Kerzen. In jede von ihnen ritzte er mit glühender goldener Nadel den Namen eines Apostels ein. Auf welche Kerze er welchen Namen eingeritzt hatte, durfte niemand und konnte außer ihm auch niemand wissen. Dann kamen zum Altar zwölf in prächtige Gewänder gekleidete Pagen und stellten sich auf der hohen Altarstufe nebeneinander auf. Jeder nahm eine Kerze und zündete sie an. Unbeweglich standen sie nebeneinander, jeder mit einer brennenden Kerze in der Hand. Sie glichen den vergoldeten Statuen junger Heiliger und Engel, die zwischen Kerzenleuchtern auf den Altären mächtiger Kirchen postiert sind.

Auf das Zeichen des Priesters erhoben sich die Mädchen von ihren Schemeln, die neben dem Fürstenpaar platziert waren. Zuerst sollte eigentlich die kleine Elisabeth zum Altar. Doch die Fürstin Sophia winkte ihrer Tochter Agnes zu, und so war diese die Erste. Sie blieb vor den Pagen stehen. Auf gut Glück griff sie nach einer der Kerzen, die sie dem Priester übergab. Dieser verkündete lautstark:

„Heiliger Philippus, der Apostel!"

„Bitte für uns!", antworteten alle im Chor.

Jetzt ging die kleine Elisabeth zu dem Altar. Als sie auf dem steinernen Boden der Kapelle durch den Rauch der brennenden Fackeln schritt, ähnelte ihre weiß gekleidete Gestalt einer Lilie. Vor dem Altar kniete sie demütig nieder und vertiefte sich ins Gebet. Der Priester war ergriffen von dem Bild der kleinen Elisabeth mit tief gebeugtem Kopf.

„Wählet, Eure Hoheit", flüsterte er. Elisabeth stand auf und wählte eine der Kerzen.

Der Priester nahm diese entgegen:

„Heiliger Johannes, der Apostel!", verkündete er laut den Anwesenden in der Kapelle.

„Bitte für uns!", kam donnernd im Chor zurück. Die kleine Elisabeth fühlte im Herzen eine stille, warme Glückseligkeit.

„Oh, mein Gott!", erzitterte sie, und eine stille, tiefe Frömmigkeit überkam sie.

Erneut kniete sie nieder und fing an zu beten. In der Kapelle herrschte Stille. Die Zeremonie wurde unterbrochen.

„Begeben Sie sich an Ihren Platz, Hoheit!", flüsterte der Priester Elisabeth zu.

Die kleine Prinzessin richtete sich auf und sagte leise:

„Ich möchte noch einmal wählen!"

Die Fürstin Sophia stand auf und schaute verärgert in ihre Richtung. Aber der Priester handelte schnell und wies Elisabeth an, sie möge sich mit dem Rücken zum Altar drehen. Die Ritter mögen die brennenden Kerzen zügig untereinander tauschen. So könnte das kleine Mädchen auf keinen Fall erkennen, auf welcher Kerze die Schrift „Apostel Johannes" stehen würde.

„Nun können Sie wählen!", sagte leise der Priester.

Elisabeth wandte sich dem Altar zu, hob die Augen zum Himmel und streckte ihr Händchen nach einer der Kerzen.

„Heiliger Johannes, der Apostel!", verkündete erneut der Priester und staunte.

„Bitte für uns!", erklang es im Chor. Elisabeth ging, von Glück erfüllt, zu ihrem Platz zurück. Die Fürstin

Sophia und ihre Tochter Agnes schauten mit bösen und eiskalten Blicken auf die kleine Prinzessin. Doch diese bemerkte es gar nicht. Vor ihrem Fußbänkchen kniete sie auf den kalten Boden der Kapelle nieder und schloss das Bildnis des geliebten Apostels wie eine teure Reliquie in ihr Herz.

Am Nachmittag riefen ihre Gefährtinnen sie zum Spielen in den Burghof. Die kleine Elisabeth war richtig müde. Die Müdigkeit kam nicht nur von der freudigen Aufregung, sondern verstärkt davon, weil sie lange kniend gebetet hatte. Nun suchte sie nach Ausreden und Entschuldigungen.

„Ich bin müde. Spielt alleine, ohne mich!“, sagte sie.

„Wir bitten dich im Namen des heiligen Johannes!“, rief eine der Spielgefährtinnen.

Die kleine Elisabeth stand sofort auf. „Für ihn und in seinem Namen tue ich alles!“, flüsterte sie glücklich und mischte sich unter ihre spielenden Kameradinnen. Von da an hat sie keine Bitte mehr abgeschlagen, wenn diese im Namen des Apostel Johannes ausgesprochen wurde.

Abends berichtete die kleine Fürstin Agnes ihrer Mutter davon, was sich auf dem Hof ereignet hat.

Die Herzogin Sophia winkte nur hochmütig und süffisant ab:

„Das ist krankhaft! Sie ist nicht mehr ganz dicht!“

Der jungen Elisabeth erscheint im Traum die Mutter.
Aus den glühenden Flammen streckt sie die blutüberströmten
Arme der Tochter entgegen.

4.

Auf der Wartburg schliefen alle. In den langen und engen Fluren herrschte tiefe Stille. Aus den Wohnräumen der Kinder war plötzlich ein scharfer, durchdringender Schrei zu hören:

„Mutter!"

Elisabeths ungarische Amme fuhr erschrocken hoch, eilte zu der silbernen Wiege, in der die kleine Prinzessin normalerweise schlief.

„Eure Hoheit, was ist passiert?"

„Mutter, Mutter!", weinte Elisabeth. Mit Entsetzen streckte sie sich nach ihrer Amme und umklammerte deren Hände. In ihren Augen blitzte Angst auf. Wie an stillen Abenden die Blätter der silbernen Pappeln schwingen, so zitterte das kleine Mädchen am ganzen Körper.

„Oh, Mutter!", sagte sie und fiel bebend und erschöpft in die Arme der Amme. Diese drückte die kleine Elisabeth mit sanfter Zärtlichkeit an sich.

„Hast du etwas Schlimmes geträumt?", fragte die Kinderfrau

Die kleine Elisabeth schauderte:

„Etwas Schreckliches, ganz Schreckliches! Ich sah meine Mutter. Aus den glühenden Flammen streckte sie blutüberströmt ihre Arme mir entgegen. Weinend und voller Verzweiflung bat sie mich, für sie zu beten. Sie schmore im Fegefeuer und leide sehr an der Hitze dieses Reinigungsorts. Sie sei dort, weil ihre Mörder sie ermordet haben und sie das irdische Leben verlassen musste, ohne ein Sakrament empfangen zu haben. Oh, Mama, meine liebe Mama!"

Das Mädchen fing an, bitterlich zu weinen. Um die schrecklichen Geister los zu werden, schmiegte sie ihr überhitztes Köpfchen an die Brust der Amme.

„Lasst uns ein Gebet sprechen!", ermutigte das Kindermädchen sie. Beide knieten vor der silbernen Wiege nieder und beteten lange. Die Öllampe leuchtete in ihrer lila Farbe wie ein stiller, freundlicher Geist in die bedrückende Stimmung des Schlafraums hinein. Während des ausgiebigen Betens nickte das Mädchen ein. Das hübsche Köpfchen mit den langen, schwarzen Haaren sank auf ihr Kissen. Sanft legte die Amme die kleine Prinzessin zurück ins Bett, deckte sie zu und legte sich schlafen. Die Amme war selbst erschrocken. Sie glaubte an die Bedeutung der Träume, die uns mitunter realistisch die nackte Wahrheit vorzeichnen. Es ist wahr, diese hängen von unserer täglichen Arbeit ab, von körperlicher Gesundheit, genauso von Ort und den Begebenheiten, wo und wie wir schlafen. In Schlafräumen, die lange Zeit beleuchtet wurden, drückte die erstickende und scharfe Luft auf die Brust. Das passierte auch, wenn sie die besten Lampen benutzten, die zur Verfügung standen. Das könnten die mit Harz getränkten Fackeln, Talglampen oder aus Italien stammenden Öllampen gewesen sein. Egal, die muffige Luft verursachte viele schwere Träume, in denen furchtbare, angsteinflößende Bilder vorkamen. Die kleine Elisabeth wachte bald wieder aus ihrem Schlaf auf. Sie rief nach ihrer Amme.

„Was ist los?“ Erschrocken eilte die Kinderfrau zur kleinen Prinzessin. Auf dem Gesicht des Mädchens waren die Spuren des Entsetzens verschwunden. Es leuchtete eher in einer Art himmlischen Friedens.

„Wieder erschien mir meine arme Mutter“, sagte die kleine Prinzessin ernst, „aber nicht mehr im Fegefeuer. Sie dankte mir, weil ich für sie gebetet habe. Gott befreite sie von ihren Leiden. Oh, danke, ich danke dir, lieber Gott!“

„Dann ruhen Sie sich jetzt wieder aus, eure Majestät!“, bat die Amme, „jetzt können Sie in Ruhe schlafen! Sie brauchen keine Angst vor den Träumen mehr zu haben! Der guten Prinzessin darf nichts Böses geschehen!“

Elisabeth versank in ihren Schlaf und verbrachte in der Folge eine ruhige Nacht. Am nächsten Tag erfuhren alle auf der Burg von ihren Träumen. Träume, in denen Blut vorkam, beunruhigten einen jeden von ihnen. Vor allem den Herzog befiel das ungute Gefühl eines nahenden Unglücks. Er war besorgt, und auch Angst erfasste ihn. Es könnte ein großes Unglück genau denen passiert sein, auf die er gezählt hatte und die vor Kurzem viele Geschenke geschickt hatten. Diese Präsente hatten die Mitgift der kleinen Elisabeth vergrößert.

Sieben tausend Silberlinge, viel Schmuck und Juwelen, Rohgold und noch vieles mehr sandten König Andreas und die Königin Gertrud nach Thüringen. Und das kaum ein Jahr nach Elisabeths Ankunft hier. Diese Geschenke befreiten den Landgrafen von seinen Geldsorgen. Sein Einkommen deckte nachweislich nicht seine Ausgaben. Thüringen sicherte zwar dem deutschen Fürsten genug Einnahmen. Es reichte, um standesgemäß zu leben, den Glanz in der Burg zu erhalten und die Pflicht dem Kaiser gegenüber zu erfüllen. Doch Fürst Hermann verbrauchte mindestens doppelt so viel wie jeder andere seinem Rang entsprechende deutsche Herrscher. Er war zwar nicht gerade verschwenderisch, doch er wollte unbedingt, dass seine Burg das Zentrum der deutschen Dichtung bliebe. Dichter wie Wolfram von Eschenbach, Walther von der Vogelweide und andere feierten den Herzog von Thüringen als den größten Mäzen der Wortkünste. Fürst Hermann wollte mit dem Gold die Dichter in der Höhe entlohnen, wie die Minnesänger ihrerseits ihn mit Lob überschütteten. So war es verständlich, dass dem Fürsten der Gedanke, der Königin oder dem König von Ungarn könnte etwas zugestoßen sein, Sorgen und Ängste verursachte.

Seine Sorgen erzählte er der Fürstin Sophia, die sich ihrerseits um die Träume der kleinen Elisabeth nicht viel scherte. Deswegen entschied der Landgraf, sich selbst so schnell wie möglich nach den Begebenheiten in Ungarn zu erkundigen. Er schickte einen Boten zu seinem Verwandten, dem Fürsten Leopold VI. Es war bekannt, dass dieser sich oft in Ungarn aufhielt – schon wegen der Nähe beider Länder. Der Fürst von Thüringen bat seinen Verwandten, den Herzog von Österreich und der Steiermark, um Nachricht, ob vielleicht etwas Böses in Ungarn passiert sei.

Der Bote brachte keine Antwort. Statt seiner kam Herzog Leopold persönlich nach Thüringen. Allein diesem Umstand konnte Fürst Hermann entnehmen, dass die Träume der kleinen Elisabeth etwas Wahres beinhalteten. Das Benehmen des Herzogs Leopold verstärkte noch seine böse Vorahnung.

Nachdem er die Fürstenkinder auf die Schnelle begrüßt hatte, streichelte der Herzog die Wange der Kleinen Elisabeth und schaute sie lange mitleidig an. Er seufzte:

„Armes Kind!"

Nach dem Empfang ging es in die persönlichen Räume des Landgrafen Hermann. Herzog Leopold kam sofort zur Sache. Sein Gesicht sah düster aus.

„Ich wollte die Nachricht über das schreckliche Geschehen in Ungarn dem Boten nicht anvertrauen und dieses auch nicht in schriftlicher Form weitergeben. Deshalb kam ich lieber persönlich hierher."

„Was um Gottes willen ist denn passiert?", fragte bestürzt der Landgraf.

„Die Ungarn haben die Königin Gertrud ermordet!"

„Ermordet?!"

„Ich war dort", sagte Herzog Leopold ernst und wischte sich über seine faltige Stirn.

„Heilige Jungfrau Maria!", brachte der Landgraf hervor, „wie konnte nur so etwas Grauenvolles geschehen?"

„Allein darüber zu berichten versetzt mich in fürchterliche Aufregung“, sagte der Herzog, „ich selbst konnte gerade noch vom Ort des Blutvergießens fliehen. Es fand ein unglaubliches Gemetzel statt. Später konnte ich mehr über die Geschehnisse herausbekommen. Was ich erfahren habe, entschuldigt das Verhalten der Ungarn nicht, es hilft nur ein wenig zu verstehen, warum es zu diesem blutigen Morden kam. Ihr wisst, der König liebte seine Gemahlin Gertrud sehr. Er selbst ist ein stiller, schweigsamer Mensch und sucht mehr die Nähe zum Himmel. Mit seinem blassen Gesicht ähnelt er einem Schatten an der Wand. Das Regieren überließ er seiner Gattin. Ihr selbst kennt ja Gertrud gut. Ihr wisst, diese Frau benahm sich gerne wie eine Kaiserin. Sie, sie allein war die Herrscherin, nicht der König Andreas. Den Ungarn graute es davor, von einer Frau regiert zu werden. Der asiatische Stamm lebt nach dem Leitsatz: Die Frau ist das Spielzeug in den Händen des Mannes. In ihren Augen ist sie die Untertanin des Ehemannes, auf gar keinen Fall aber kann eine Frau ihre Herrscherin sein.

Dabei war das noch das kleinste Problem. Die Tragödie der armen, unglücklichen Gertrud nahm ihren Anfang, als sie begann, nur ihre Verwandten und Landsleute zu begünstigen. Ihr gravierender Fehler war es, den starken Stammes- und Nationalstolz der Ungarn zu unterschätzen. Anfangs verbeugten sich die Ungarn gerne und von ganzem Herzen vor der deutschen Fürstin aus Andechs-Meranien. Sie gewährten ihr den Respekt, der einer Königin gebührt. Als sie aber sahen, dass Gertrud sich immer mehr in die Staatsangelegenheiten einmischte, dass sie statt des Königs über wichtige Staatsgeschäfte selbst entschied und dass es nur mehr deutsche Ritter auf dem Königshof gab, begannen sie unweigerlich die Königin feindlicher und grimmiger anzusehen. Die Unglückliche betrieb eine verhängnisvolle Familienpolitik. Alle wichtigen Posten am Hofe besetzte sie mit ihren deutschen Verwandten. Neben der Vielzahl der Ritter aus Meranien fand sich kaum ein ungarischer Höfling. Sie verscheuchte Ungarns Magnaten aus ihren Ämtern. Diese Männer waren wie Löwen, reizbar, sehr empfindlich; bereits ein böser Blick konnte sie zu Todfeinden machen. In ihrer gereizten Stimmung und aus gekränkter Eitelkeit verließen sie den königlichen Hof und gingen in Lauerstellung. Sie wollten abwarten, wie weit Gertrud in ihrer schamlosen Unverfrorenheit gehen würde.

Und Gertrud kannte ihre Grenzen nicht. Als alle leitenden Posten mit deutschen Adeligen besetzt waren, ließ sie auch die uralten ungarischen Gesetze umschreiben. Dem König beschnitt sie seine königliche Souveränität als Richter und verfügte, alle Beschwerden könnten nur noch schriftlich eingereicht werden. Vom einfachen ungarischen Volk verlangte sie große Abgaben. Das grenzte schon an echte Ausbeutung. Die so angehäuften Reichtümer verteilte sie unter ihre deutschen Anhänger."

„Auch uns hat sie viele Schätze geschickt!", platzte Herzog Hermann aufgeregt in Leopolds Schilderung der Ereignisse hinein.

„Davon habe ich gehört“, antwortete Herzog Leopold, „ungarische Magnaten verbreiteten im ganzen Land die Neuigkeit: Als die deutschen Gesandten in Bratislava die kleine Elisabeth in Empfang nahmen, habe Gertrud Unmengen an Schätzen mitgegeben und auch noch wertvolle Geschenke unter die Gesandten verteilt. Mit diesen ganzen Reichtümern hätte die schwere Not im Land gelindert werden können. Das verschwenderische Gebärden der Königin Gertrud war Öl auf das Feuer der erbosten Ungarn.“

„Wie schrecklich!“, seufzte Fürstin Sofia und wand aufgeregt die Hände.

„Zu der Zeit verlor Gertrud bereits den Überblick“, setzte Herzog Leopold fort. „In ihrer Ehre als Volk gekränkt und von ihren hohen, einträglichen Posten abgesetzt, versammelten sich ungarische Größen an geheimen Plätzen und bereiteten ein Komplott vor. Die Nachricht darüber verbreitete sich im ganzen Land wie ein gedämpftes, weit entferntes Donnergrollen. Gertrud hörte dieses Donnern nicht. Ihre hellhäutigen deutschen Höflinge sorgten dafür, dass es der Königin nicht zu Ohren kam. Gertrud war wie betäubt von ihrem unglaublichen Reichtum. In der Brust der ehemals unbedeutenden deutschen Fürstin schlug jetzt das Herz einer absoluten und selbstbewussten Königin eines großen Landes. Ihren jüngeren Bruder Berthold berief sie im Widerspruch zum Kirchenrecht zum Erzbischof von Kollotschau. Damit verletzte sie die Ehre der ungarischen kirchlichen Würdenträger. Aber das verursachte ihr keine Sorgen. Ausgelassen feierte sie Feste und zeigte sich mit ihrem exzellenten Gefolge immer wieder auf verschiedenen anderen Königsschlössern. Ging die Gesellschaft auf die Jagd, so ritt sie allen voraus. Sie war hochgewachsen, eine wunderschöne Frau. Sie stellte sich an die Spitze der Jagdgesellschaft. Gertrud galoppierte und stürmte in ihrer samtenen Robe wie eine nordische Kriegerin. Im ganzen Land wurde bekannt, dass der König sich auf einen Feldzug nach Galizien vorbereitete. Dort sollte ein Aufstand niedergeschlagen werden. Für die Zeit, in der er unterwegs sein würde, ernannte er den bedeutsamen ungarischen Bánk Bán als seinen Stellvertreter. Die Königin konnte gegen diese Entscheidung nichts machen. Der Palatin Bánk Bán musste gleich nach seiner Berufung an die Grenzen des Landes, um die aufständischen Bauern zu beruhigen, die sich aus Hungersnot zum Widerstand sammelten.

Gertrud lud die Gattin des Palatin Bánk Bán, eine unerfahrene und junge Frau, auf ihr Schloss in Buda ein. Die schöne Melinda machte sich sofort auf den Weg dorthin. In ihrer Begleitung waren ihre Untertanen, die sich vor ihr immer verneigten und ihr gerne die Ehre erwiesen. Die Höflinge empfing die junge Dame mit Koketterie und Neugier. Die Hofdamen und Hofherren ließen sie an ihren Festen und prunkvollen Tanzgesellschaften teilnehmen. Bald erwarteten sie von ihr, sich den Schmeicheleien, der Schöntuerei und dem Werben der deutschen Ritter zu ergeben.

Das war endgültig Gertruds Niedergang. Ich bin zwar überzeugt, Gertrud wusste nichts davon, welche freizügigen Spiele ihre Verwandten mit der Frau des Verwalters trieben. Trotzdem halte ich sie für schuldig, denn sie war es, die Melinda auf ihr Schloss lockte. Die ungarischen Spitzel überbrachten die Nachricht über das Geschehen im Schloss schnell dem Bánk Bán. Wie ein wilder Tiger eilte dieser sofort nach Buda. Er war bis zu diesem Zeitpunkt immer bemüht, unter den erbosten ungarischen Magnaten, die eine Verschwörung planten, Frieden zu stiften. Jetzt fühlte er sich in seiner männlichen Ehre tief verletzt. Ohne zu zögern stellte er sich an die Spitze der nationalen Rebellen. In Buda beschlossen sie, das Land vom Einfluss der Königin Gertrud zu befreien, das uralte ungarische Recht wieder herzustellen und den König zu ermahnen, seine Königspflichten zu erfüllen. Die zweite Entscheidung war, die Königin zu töten.

An der Verschwörung beteiligten sich die größten ungarische Machthaber. Neben Bán Bánk muss ich auch Bán Simon, Bán Peter und Bán Michael erwähnen, die früher alle ranghohe staatliche Würdenträger waren.

Bán Bánk, die aufständischen Adeligen und die Schildträger machten sich aus Buda auf den Weg in die nahe gelegenen Wälder. Dort war die Königin mit ihrem Gefolge auf der Jagd. Das alles erfuhr ich erst später, obwohl ich damals einige Zeit bei Gertrud in Ungarn weilte. Auch ich habe an dieser Jagdgesellschaft teilgenommen. Wir wohnten in den Zelten rund um die Ortschaft Pilis.

Die ungarischen Adeligen kamen angeritten. Bán Bánk stieg vom Pferd ab und suchte die Königin.

Sie befand sich alleine in ihrem Zelt. Bán Bánk hielt sich lange darin auf. Was dort passierte, erfuhren wir erst, als die erzürnten ungarischen Aufständischen die blutüberströmte Leiche der Königin aus dem Zelt zerrten. Sie drangen bei uns allen ein und töteten viele unserer Hofleute und Ritter. Der Erzbischof Berthold und ich konnten nur um Haaresbreite den Angreifern entkommen. Wir machten uns auf den Weg nach Bratislava. Dort wollten wir abwarten, was nach diesem schrecklichen Blutvergießen passieren würde.“

Herzog Leopold verstummte kurz.

Fürst Hermann und Fürstin Sophia waren vor Entsetzen blass geworden und ließen sich machtlos jeder auf seinen Stuhl fallen. Ihre Gliedmaßen fühlten sich taub an. Sprachlosigkeit befiel sie.

„In Bratislava haben wir gehört“, setzte Herzog Leopold fort, „die grauenvolle, blutige Leiche Gertruds wurde nach Leles zum König gebracht. Dieser beendete gerade seinen Feldzug in Galizien und wollte sich auf den Weg nach Buda machen. Als er die furchtbare Nachricht erhalten hatte, ergriff ihn große Wut. Er ließ die Königin in Leles begraben, dann eilte er nach Hause nach Buda, um sich zu rächen. Er ließ die Mörder vorführen. Als diese, allen voran der Bán Bánk, dem König die Lage im Lande geschildert hatten, ihm die verhängnisvollen Fehltritte der Königin Gertrud aufgezählt und über das unpassende Gebaren der Meraner berichtet hatten, senkte König Andreas beschämt den Kopf und gab ihnen im Herzen recht.“

„Aber einfach so eine Königin zu töten!“, war die Fürstin Sophia entsetzt.

Herzog Leopold fuhr sich durch den Bart.

„Natürlich, natürlich! Aber bedenkt, welches Unglück würde passieren, wenn aufgebrachte ungarische Fürsten in ihrer ganzen Stärke die deutschen Ländereien überfallen und endgültig mit ihren verhassten Fremden abgerechnet hätten. Denkt an die Zeiten, über die die Chronisten in Klöstern über Onoguren geschrieben haben. Vor 200 Jahren zogen diese brandschatzend durch Europa. Besonders wir Deutschen litten sehr unter ihrer Gewalt. Es tut mir leid um Gertrud, sie ist schließlich meine nahe Verwandte. Aber nur eine mit Blindheit geschlagene Frau schafft es, mit so einer unklugen Politik ein barbarisches und gewalttätiges Volk wie das ungarische gegen sich aufzubringen. Diese Torheit musste dann mit dem Tod bezahlt werden. Nur gut, dass die Ungarn wegen Gertrud nicht zu Feinden aller Deutschen geworden sind. Die Truppen könnten jederzeit wie eine Art gewalttätiges Abenteuer auch bei uns in Österreich einfallen.“

Das Fürstenpaar und der Herzog von Österreich sahen bedrückt aus. Sie entschieden, die kleine Elisabeth von dem tragischen Tod ihrer Mutter in Kenntnis zu setzen.

Die Fürstin Sophia dachte einen Augenblick darüber nach, ob dieses ungarische Mädchen überhaupt Barmherzigkeit seitens der Deutschen verdiene und ob diese grausame Gewalttat nicht eher Rache und Strafe erfordere. Sie schauderte bei solch schrecklicher Bosheit ihrer Gedanken.

Der ganze Fürstenhof war entsetzt, als er von der Tragödie um die ungarische Königin erfuhr. Die auf der Wartburg lebenden Ungarn waren fassungslos, die Wartburger ihrerseits machten sich Sorgen. Sie hatten Angst, es könnte ein ungarischer Trupp anrücken, um die Schätze zu holen, die sie aus Bratislava mitgebracht hatten. Während alle sich vor Ruin und Verderb fürchteten, achtete niemand auf die kleine Elisabeth. Sie ließen außer Acht, welch große Qualen das gerade einmal achtjährige Mädchen durchstehen musste. Die kleine Prinzessin knickte ein wie ein zartes Blümchen, und Ohnmacht überfiel sie, als sie hörte, dass ihre Träume wahr geworden waren. Auf dem Gesicht eines jeden konnte sie Entsetzen und Fassungslosigkeit lesen, wenn der Name ihrer ermordeten Mutter fiel.

„Mörder!", dieses Wort hörte sie öfters aus dem Mund der Burgbewohner. Damit gaben sie ihr das Gefühl, als hätte sie persönlich eine Teilschuld an dem Vergehen der Ungarn. Schließlich war sie die ungarische Prinzessin. Dabei wurde vergessen, dass die Verschwörer gerade der kleinen Elisabeth einen untröstlichen Kummer bereitet haben.

„Du stammst aus dem Land der Mörder!", sagte abschätzig die kleine Fürstin Agnes. Wie eine feine, kleine Giftschlange versprühte sie ihr Gift. Die Deutschen auf der Wartburg schauten Elisabeth hasserfüllt an. Sogar diejenigen, die ihr bis jetzt wohlgesonnen gewesen waren und sie beschützt hatten, wenn sie ungerecht behandelt wurde, fingen langsam an, sich von ihr zu entfremden. Die kleine Prinzessin wachte jeden Morgen mit der Gewissheit auf, auf der Burg nur geduldet zu sein, weil sie die Verlobte des zukünftigen Herrschers über Thüringen war. Wohin sie auch schaute, überall begegneten ihr böse Blicke. Es gab niemanden, dem sie ihr Herz ausschütten konnte.

Gab es wirklich niemanden?

Ein beseeltes Lächeln überstrahlte das traurige Gesicht der kleinen Elisabeth. Über den stürmischen Wolken wohnt der Vater der armen Seelen. Er ist Balsam für jedes traurige und schmerzerfüllte Herz und nimmt jeden in Schutz, der einsam ist auf dieser Erde.

War die kleine Elisabeth bis jetzt fromm und in ihrer Liebe zu Gott ein Vorbild für die Altersgenossinnen, so hatte sie jetzt ganz dem irdischen Trost entsagt. Ihre Hoffnung legte sie in die sicheren Hände der himmlischen Engel.

Die Dichter und Minnesänger fühlten sich auf der Wartburg zu Hause. Der Lyra entlockten sie die schönsten Balladen über deutsche Helden. In der kleinen Elisabeth, in dieser Prinzessin aus dem Osten, hätten sie eine hundertmal bessere Inspiration für ihre Dichtung finden können. Aus Ungarn kam sie mit den goldgewebten Kleidern in vollem Glanz und mit wertvollem Schmuck. Sie ähnelte einer zauberhaften östlichen Königin. Hier verzichtete sie auf jeden Glanz und kniete stundenlang auf der niedrigen Bank vor dem Altar der Burgkapelle. Vor ihr aufgeblättert lag ein schweres Buch. Darin blätterte sie, obwohl sie des Lesens noch nicht mächtig war. Elisabeth nahm an keiner glamourösen Veranstaltung teil. Meistens ganz tief in Gedanken, ging sie an den düsteren Festungsmauern oder unter dunklen Eichen am Friedhof spazieren. Dort im Beinhaus sang sie leise eine Ode über die Vergänglichkeit der Menschen. Dabei war sie noch ein unbeholfenes Kind, das einer Blumenknospe glich. Sie war wie der Mond, vor dem die erzürnten Wolken sich hin und her schieben. Das alles passierte nur, weil sie eine ungarische Prinzessin war. Ihre Seele war wie ein wertvoller Tabernakel aus purem Gold. In diesem Tabernakel wird das Allerheiligste gehütet. Elisabeth war wie eine wunderschöne Alabaster-Vase, aus der wie ein Wölkchen der zauberhafteste Duft der Tugend entströmte. Es hätte ein jeder in ihre Fußstapfen treten können, ähnlich wie es in der Bibel steht: „Dank sei Gott, der uns stets im Triumphzug Christi mitführt und durch uns den Geruch seiner Erkenntnis an allen Orten verbreitet". (2. Korinther 2,14)

Die Erbin der Könige und Schwester der Engel sah man bescheiden auf den Gängen der Burg spazieren. Die Prinzessin legte ihre glanzvolle und prachtvolle Garderobe ab und gesellte sich unauffällig zu den ungerecht behandelten und ahnungslosen Dienerinnen in der Küche. Oben, im prachtvollen Wappensaal, fehlte sie niemandem und keiner vermisste sie. Wenn der Fürst einmal nicht mit seinen Sorgen um das Land beschäftigt war, verbrachte er die Zeit in der Gesellschaft der Minnesänger. Die Fürstin Sophia und ihre Tochter vergeudeten ihre Tage, indem sie sich herausputzten und sich selbstgefällig im Glanz sonnten. Sie hassten das kleine ungarische Mädchen. Die beiden fanden an Elisabeth keine Eigenschaften einer Königin. Sie waren der Meinung, jemand von hoher Geburt muss sich mit prachtvollen Gewändern kleiden und ein repräsentatives Benehmen zeigen. Der junge Thronfolger Hermann durfte sich nicht bei den Mädchen aufhalten. Außerdem war er in einem Alter, in dem Männer noch schüchtern und launenhaft sind. Das Schicksal seiner kleinen Verlobten interessierte ihn wenig. In seinen wilden jungen Jahren fand er mehr Gefallen an den geselligen Ritterspielen und Jagden, als dass er sich für die Schönheit, Zartheit und Reinheit der Seele seiner zukünftigen Frau interessieren würde. Er fühlte sich recht wohl unter den Rittern, Schildknappen und Kutschern. Von ihnen übernahm er ein frevelhaftes Benehmen, und in ihrer Gesellschaft verbrachte er vergnügliche Tage. Lieber hörte er den verherrlichenden Ritter- und Räubergeschichten zu als den frommen Legenden. Auch die anderen Kinder des Fürstenhofs spielten und vergnügten sich gerne. In ihrer kindlichen Selbstverliebtheit neigten sie eher dazu, wie oben erwähnt, die Tage ausgelassen zu verbringen, als dass sie der frommen kleinen Elisabeth folgen würden. Bei ihren lustigen Spielen und Vergnügungen wussten sie mit der Prinzessin nichts anzufangen.

Alle Burgbewohner, sowohl die deutschen wie auch die ungarischen, schwammen mit dem Strom. Wie unselbstständige Sonnenblumen wandten sie ihre Gesichter der Sonne des Fürsten zu. Bald merkten sie, dass in den Augen dieser Sonne, sprich in den Augen des Fürstenpaares und der Kinder, die kleine ungarische Prinzessin keine Bedeutung mehr spielte. Im Gegenteil, Elisabeth wurde zur Zielscheibe kleiner Sticheleien, Herabwürdigungen und Beleidigungen. Bald beteiligten sich alle an diesen Spötteleien, und keiner kümmerte sich mehr um die kleine Prinzessin.

„Sie ist eine Magd und keine Prinzessin“, sagten sie in einem erniedrigenden Ton und ganz von oben herab. Sie wussten, dass das Mädchen die meiste Zeit in der Kapelle, im Hof der Wartburg oder in der Küche verbrachte; des Weiteren fanden sie, Elisabeth war zu einfach angezogen, wenn sie einmal den Weg hinunter nach Eisenach nahm; kurzum sie bemerkten, dass Elisabeth sich am wohlsten unter den armen Bettlern und Pilgern fühlte.

So sah das Leben der kleinen Prinzessin aus, als plötzlich 1216 der neunzehnjährige Thronfolger Hermann starb. Er war kein Opfer eines Unfalls, sondern eine mörderische Krankheit raffte ihn dahin. Drei Tage dauerte sein Leiden.

Ganz Thüringen und die Wartburg versanken in Trauer. Dieser schreckliche Schicksalsschlag traf die Eltern schwer. Sie waren zu Tode betrübt. Nun mussten sie ihren blutjungen Erstgeborenen beerdigen. Aus dem ganzen Land kamen Herzöge, Grafen und Ritter. Auch die einfachen Leute pilgerten zur Burg. Die Trauerfeier dauerte mehrere Tage. Es wurden Gottesdienste und Litaneien abgehalten für das Seelenheil des Jünglings. Am Tag der Bestattung wurde eine hohe Totenbahre in der Burgkapelle aufgestellt. Sie erstrahlte im Licht der vielen brennenden Fackeln und badete im Nebel der duftenden Weihrauchwolken. Betroffen knieten dort die Eltern sowie Hof- und Fürstenkinder. Unter ihnen auch die kleine ungarische Prinzessin. Als Verlobte kam sie aus einem fernen, fremden Land hierher auf die Wartburg und wurde Witwe, bevor sie geheiratet hatte.

Aber wer kümmerte sich schon um die kleine Elisabeth?

Ganz in Schwarz gekleidete geistliche und weltliche Würdenträger hoben den Sarg auf ihre Schultern. Elegische Klagelieder hallten durch die steinernen Gewölbe. Der Trauerzug machte sich auf zur Krypta der Burg, wo der tote Jüngling seine letzte Ruhestätte fand.

Alle nahmen an dem Festmahl, das vorbereitet worden war, teil. In ihrem Gefühl ergriffen und aufgewühlt, versanken sie in der Trauer um den Verstorbenen. Andächtig kniete die kleine Elisabeth in der finsteren Burgkapelle. Beim schwachen Schein einer einzigen Fackel betete sie die ganze Nacht für ihren jung verstorbenen Bräutigam.

Die verwitwete Verlobte war da zehn Jahre alt.

„Was wird aus mir?“, weinte sie in die Stille der Kapelle. Ihre Worte und ihre Seufzer hallten von den mit Fresken verzierten Wänden ab. Die müde Seele suchte und fand ihren Trost bei Gott, dem Herrn über Leben und Tod. In Jesus ruhen – das bedeutet für jeden gläubigen Christen gottgefällige Pflicht.

Die kleine Elisabeth war Gott ganz ergeben, sie fand Ruhe in ihrem Glauben. Den größten Teil des Tages verbrachte sie mit hingebungsvollem Beten und mit guten Taten.

Auf dem Fürstenhof flammte eine neue Sorge auf.

„Was wird jetzt mit der kleinen ungarischen Prinzessin?“

Der junge Mann, mit dem der Hofstaat sie verlobt hatte und für den sie aus Bratislava auf die Wartburg gekommen war, ist verstorben. Vielleicht war es in diesem Fall sogar besser so. Die Höflinge waren der Meinung, Elisabeth sei unfähig, die Ehefrau eines Herzogs zu werden, und noch weniger könne sie ihre Rolle standesgemäß erfüllen. Die Familie und die hohen Würdenträger wurden zur Beratung zusammengerufen. Das Hauptwort hatte die Herzogin Sophia. Ihr Urteil lautete:

„Wir müssen sie wieder nach Hause schicken!“

Der größte Teil des Hofstaats war dafür. Nur bei dem Herzog und den wachsameren Würdenträgern sorgte der Plan der Landgräfin für Bedenken.

„Wenn wir sie zurückschicken, wäre das eine Schande für Elisabeth, und Ihr Vater könnte sich an uns rächen.“

„Schicken wir sie ins Kloster!“, schlug jemand vor. Es schien, als ob aus verschiedenen Vorschlägen der von Herzogin Sophias angenommen werden würde, weil die Mehrheit für die Rückkehr der kleinen Elisabeth stimmte. Doch dann kam einer der hohen Herren mit dem berechtigten Einwand:

„Was passiert dann mit ihrer Aussteuer?"

Diese Frage brachte das herzogliche Paar in arge Bedrängnis. Der ganze Hof lebte jahrelang verschwenderisch und glamourös gerade von Elisabeths reicher Mitgift. Sollten sie das Mädchen nach Ungarn zurückschicken, weil ihr Bräutigam, der zukünftige Herrscher über Thüringen, gestorben ist, dann müssten sie aus Rechtschaffenheit die Schätze, die mit ihr ins Land gekommen waren, auch zurückgeben. Doch den größten Teil davon hatten sie bereits verbraucht; sie könnten die Gaben niemals zur Gänze rückerstatten. Das war ein Argument, das Herzogin Sophias Plan zunichtemachte. Die Idee, Elisabeth wieder nach Hause zu schicken, war vom Tisch. Während dieser langen Gespräche, die über ihre Zukunft entscheiden sollten, ging das arme Mädchen auf ihren gewohnten Wegen spazieren und hielt sich die meiste Zeit in der Krypta bei ihrem Bräutigam auf. Sie hörte, was über ihre Zukunft beratschlagt wurde, denn der Klatsch verstummte nicht. Es war ein offenes Geheimnis auf dem Hof, dass das Mädchen in ihre Heimat zurückgeschickt werden sollte. Darüber sprachen nicht nur die Würdenträger unter sich, sondern das Gerücht verbreitete sich auch unter den Schildknappen und der Dienerschaft.

Als die Wunden, verursacht durch den Tod des jungen Hermann langsam heilten und die Trauer um ihn weniger wurde, kehrte in der Burg der übliche Lebensstil zurück. Es wurde wieder laut und grell. Die Sticheleien gegenüber dem jungen Mädchen fingen wieder an. Es fielen böse Bemerkungen über die Braut, die

„vor dem Altar verlassen wurde“. Und es kamen Stimmen auf, die sagten, es sei unnötig, dass die Prinzessin weiterhin in Thüringen weile.

Eines Tages, als Elisabeth erneut schlimm beschimpft wurde und Schmährufe erdulden musste, während sie nur fromm auf ihrem Schemel saß, konnte der Fürst das Benehmen der Höflinge nicht mehr ertragen. Streng ging er gegen die Teile der Familie vor, die es mit dem Hetzen gegen die junge Prinzessin übertrieben hatten. Gleichzeitig stieß er Drohungen gegenüber den Edelleuten aus, die sich befugt fühlten, das üble Verhalten der Familienmitglieder nachahmen zu dürfen.

Diese Haltung des Fürsten fand stille Fürsprache im Herzen des jungen Ludwig, der nach dem Tod des Bruders zum Thronfolger aufstieg. In seiner reinen, guten Seele erwachte echtes Mitgefühl für die unglückliche kleine Elisabeth. Fürst Ludwig war siebzehn und damit in einem Alter, in dem seine Macht wuchs und jeder sich um seine Zuneigung bemühte.

Als Fürst Hermann das Interesse des jungen Mannes bemerkte, auch wenn dieses nur aus Mitleid bestand, war er bereit, schnell zu handeln. Zuerst besprach er sich darüber mit der Fürstin Sophia. Seine Entscheidung erläuterte er folgendermaßen: Nachdem sie die kleine Prinzessin als Verlobte des Thronfolgers Hermann nach Thüringen gebracht hatten und nun durch Hermanns Ableben Ludwig der Throninhaber werden würde, sei es vernünftig, Elisabeth weder zurück in ihre Heimat noch ins Kloster zu schicken. Sie solle die

Frau von Ludwig werden. Das sei die anständigste und beste Entscheidung, die auch der ungarische Hofstaat annehmen könne. Die kleine Elisabeth wurde nämlich nicht ausdrücklich als Ehefrau des jungen Fürsten Hermann ausgewählt, sondern als Ehefrau des Thronfolgers, und das sei ja jetzt Ludwig.

Mochte diese Entscheidung der Fürstin Sofia und dem Hofstaat noch so missfallen haben, der Fürst ließ sich in seinem Entschluss nicht mehr beirren. Er wartete nicht lange ab. Offiziell rief er den Fürsten Ludwig zu sich und fragte ihn, ob er in die Heirat mit Prinzessin Elisabeth einwillige.

Der geschmeidige, schöne Jüngling nahm ohne zu zögern Vaters Entscheidung an.

Elisabeth wurde gerufen. Voller Sorge betrat sie das Zimmer des Landgrafen. Als sie seine ernsten und väterlichen Worte vernahm und hörte, wie sich ihr Schicksal wenden würde, kniete sie vor ihm und dankte mit Tränen in den Augen für seinen Edelmut. Denn die Worte des Fürsten verrieten, dass tief in seinem Herzen unter harten Steinen reine Güte wie edles Gold funkelte.

Der Hofstaat stand betreten da.

Das Bündnis zwischen Vater und Sohn war so stark, dass es nicht ratsam war, offen zu widersprechen. Mochten die Fürstin Sophia und ihre Tochter noch so sehr die kleine Elisabeth hassen, sie konnten nichts gegen die Entscheidung des Fürsten ausrichten. Sie mussten sich damit abfinden, dass die ungarische Prinzessin in Thüringen bleiben und den Platz einnehmen würde, der ihr ursprünglich zugedacht war. Das bedeutete, Elisabeth wird die Ehefrau von Ludwig, dem Nachfolger des jungen Fürsten Hermann, den Gott zu sich gerufen hatte. Und damit wird sie auch die Herrscherin von Thüringen.

Fürst Ludwig war viel aufmerksamer Elisabeth gegenüber, als es sein verstorbener Bruder gewesen war. Hermann war ein Titan und Krieger, genau das Gegenteil von dem blonden, freundlichen und sanftmütigen Ludwig. Er traute sich jedoch nicht vor Fürstin Sophia seine zarten Gefühle, die er für die Prinzessin empfand, zu zeigen.

Mit Inbrunst dankte Elisabeth dem Herrn im Himmel, weil er so klug ihr Leben lenkte und verhinderte, dass sie unter den Intrigen und Bosheiten litt. Sie verstärkte noch ihre frommen Gebete, lebte in tiefer innerer Verbundenheit mit Gott, fastete und verteilte Almosen an Bedürftige.

Trotz alledem hörten die Kränkungen nicht auf.

Die Fürstin Sophia und ihre Tochter fanden immer eine Möglichkeit, die Arme zu verspotten und sie bloßzustellen. Wann sie nur konnten, machten sie ihr das Leben schwer. Wenn der Fürst und Ludwig abwesend waren, was oft geschah, wurde Elisabeth unwürdig behandelt. Die Dienstboten standen ihr nicht zur Verfügung, weil die Herzogin ihnen andere Aufgaben übertragen hatte. Es gab keinen, der die kleine Elisabeth angezogen, sie gekämmt oder ihr den Schleier angelegt hätte. Sie kleidete sich selbst an. Ganz einfach und schmucklos. Niemand lud sie an die große

Tafel zum Essen ein. Oder sie stellten es so an, dass sie kam, wenn der Tisch bereits abgeräumt war. In diesem Fall drehte Elisabeth sich wortlos um und ging in die Küche. Dort aß sie mit der Dienerschaft ein Armeleuteessen.

Wenn die Fürstin und die Hofdamen getanzt, musiziert und Spiele gespielt haben, schaute sie nur kurz vorbei. Das Mädchen war in diesem Kreis sowieso unerwünscht. Leise verließ sie dann den Saal, ging in die Kapelle, um dort in Gott den Trost für ihre geschundene Seele zu finden. Als der Fürst und der junge Ludwig von ihren Reisen zurückkehrten und nach ihrem Wohlbefinden fragten, taten ihr die herzlichen und freundlichen Worte wohl. Sie würde sich selbst undankbar vorkommen, hätte sie sich über die Landgräfin oder über jemand anderen vom Hofstaat wegen deren erniedrigenden und beleidigenden Verhaltens ihr gegenüber beklagt.

Bald traf Elisabeth ein neuer schwerer Schicksalsschlag. Der Landgraf Hermann, der unter anderem auch gegen den Erzbischof von Mainz kämpfte, starb 1217 unerwartet. Durch seinen Tod verlor die Prinzessin ihren größten Beschützer.

Nun versank ganz Thüringen wieder in Trauer. In der Zeit der mehrwöchigen Trauerzeremonie kümmerte sich niemand um Elisabeth. Dabei fand sich auf der Wartburg kaum jemand, der so ehrlich das Ableben des Landgrafen beweint hätte, wie sie es tat.

Der Landgraf Ludwig wurde nach Vaters Tod Herrscher über Thüringen.

Seine Verlobte stand auf der Treppe neben dem Thron. Nur ihren jungen Jahren war es geschuldet, dass sie nicht Landgräfin der großen, blühenden deutschen Provinz wurde.

Landgräfin Sophia bedeckte sich mit dem Trauerschleier der Witwen.

Die Trauung von Elisabeth und Landgraf Ludwig

5.

In all seiner Herrlichkeit und in prachtvoller Schönheit saß Fürst Ludwig unter dem goldenen Facettengewölbe auf dem thüringischen Thron. Er zählte gerade siebzehn Jahre. Liebenswürdigkeit und eine Art Zurückhaltung waren auf seinem Gesicht zu lesen, als die Barone und Ritter ihn ehrten.

Ihm zur Seite auf einer niedrigen Fußbank saß seine Braut, die junge Elisabeth. Ein silberfarbenes Gewand kleidete sie.

Neben dem Thron blickte das strenge, bereits verwelkte Gesicht der verwitweten Herzogin und Fürstin Sophia empor und verfolgte jede Geste ihres Sohnes ganz genau. Den Gesetzen nach sollte die Witwe Sophia solange die Regentschaft in Thüringen übernehmen, bis der Fürst Ludwig zwanzig Jahre alt sein wird. Als diese Bestimmungen verlesen wurden, erzitterte Elisabeth erneut in einer bösen Vorahnung. Was wird passieren, wenn die Fürstin Sophia jetzt ungehemmt und autonom auf der Wartburg das Regieren übernimmt?

Diese Sorge war berechtigt. Die Fürstin Sophia hatte mit der Habgier, die den älteren Frauen eigen ist, die Herrschaft über das berühmte Thüringen an sich gerissen. Den jungen Fürsten Ludwig behandelte sie wie ein kleines Kind. Mit Entschiedenheit, die keine Gegenwehr erlaubte, brachte sie ihren Willen durch. Der Fürst Ludwig, gewohnt zu gehorchen, ordnete sich den Befehlen seiner Mutter unter. Als der Hofstaat sah, mit welchem Nachdruck und welcher Manneskraft die Fürstenwitwe die Macht übernahm, verwandelten sich alle zu demütigsten Dienern ihrer Herrscherin. Schmeichlerisch lobpreisten alle ihre Führungsstärke und teilten immer ihre Meinung. Den eigenen Standpunkt traute sich keiner öffentlich zu äußern. Nun war die Fürstin erst recht hinter der jungen Elisabeth her. Sie musste nicht mehr befürchten, ihr verstorbener Mann könnte die Prinzessin in Schutz nehmen, und Ludwig traute sich nicht, seiner Mutter zu widersprechen. Im Stillen bedauerte er seine kleine Braut und hatte auch Mitleid mit ihr, gleichwohl fehlte es ihm an Stärke und Courage, um sie zu schützen.

Herzogin Sophia und die kleine Fürstin Agnes gaben ihrem Hass nunmehr freien Lauf. Dadurch wurden sogar die Höflinge ermuntert und fingen an, das kleine ungarische Mädchen zu verfemen. Elisabeth wurde ständig erniedrigt. Was sie auch anstellte, sie fanden jede ihrer Handlungen deplatziert. Sie lachten über ihr bescheidenes Auftreten und warfen ihr vor, sie zeige keine Charaktereigenschaften einer Fürstin. Alle hohen Herrschaften auf der Burg brandmarkten die junge Prinzessin als Magd. Sie schimpften über ihren Eifer, ihre Frömmigkeit, ihre Gebete. Sie erzählten, sie sei heuchlerisch und falsch und wolle nur blenden. Ihre Zuneigung den Armen und Bettlern gegenüber deuteten sie als Streben nach Anerkennung. Aus diesem Grund untersagten sie ihr, die Almosen an Bedürftige zu verteilen.

„Sie ist verschwenderisch", stichelten die Höflinge. Elisabeth durfte nicht einmal das Stückchen Brot, das sie sich vom Mund abgespart hatte, den Bettlern reichen. Lammfromm und ohne Widerworte ertrug sie die ungerechte Behandlung. Weil sie von allen Seiten nur die kalte Schulter gezeigt bekam und nur Boshaftigkeit erfuhr, trug sie ihr geplagtes kleines Herz in die Kapelle. Dort klagte sie ihr Leid vor dem großen blutigen Kreuz Jesu. Das Herz der jungen Prinzessin war sehr empfindsam. Sie konnte nicht verstehen, warum sie ständig ausgestoßen wurde, während sie doch nur versuchte, es immer allen recht zu machen und allen Freude zu schenken.

Ihre Gefügigkeit stachelte die höfische Gesellschaft nur noch mehr an. Wenn sie einmal vor dem drohenden Antlitz der Herzogin Sophia oder vor Agnes mit ihrem bleichen, asketischen Gesicht stand, wandten sich beide verächtlich von ihr ab. Die zurechtgemachte, frühreife, respektlose Agnes schleuderte ihr einmal entgegen:

„Du irrst dich sehr, wenn du glaubst, dass Ludwig dich zur Frau nehmen wird."

Die kleine Elisabeth erblasste:

„Warum sollte er mich nicht heiraten?"

„Weil du seiner unwürdig bist!"

Die Betonung lag auf dem Wort „unwürdig“. Warum sollte sie seiner nicht würdig sein, überlegte Elisabeth zerknirscht. Schließlich war sie die Tochter des mächtigen ungarischen Herrschers. Schließlich knieten einst auf dem Schloss von Bratislava die feinen deutschen Gesandten vor ihrem Vater und warben um sie!

Sie hatte niemandem etwas zuleide getan und sie liebte alle. Ihre Fehltritte verheimlichte sie nicht, stand zu ihren Fehlern; sie bat den Herrn, ihr die Sünden zu vergeben, ging zur Beichte und erhielt Bußsakramente. Sie fastete und kasteite sich, hielt sich für eine unwürdige Sünderin, welche Gottes Erbarmen brauchte. Dennoch schmerzte es, wenn sie hörte, was die höfische Gesellschaft über sie redete. Sie war nur ein armes, kleines, einfaches ungarisches Mädchen. Warum verhielten sich alle so verächtlich ihr gegenüber und verletzten ihre Gefühle?

An einem heißen Sommertag – es war das Hochfest der Aufnahme Mariä in den Himmel – entschied die Fürstin Sophia, nicht zum Gottesdienst in die Burgkapelle zu gehen, sondern wollte nach Eisenach in die Mariä-Himmelfahrt-Kirche. Sie glänzte in der herzoglichen Pracht. Dasselbe verlangte sie von Agnes und Elisabeth und forderte sie auf, die schönsten Kleider anzuziehen sowie über dem Schleier die Fürstenkrone aufzusetzen. Elisabeth gehorchte. Umgeben vom formidablen Gefolge, nahm sie gemeinsam mit der höfischen Familie im Presbyterium der Kirche auf dem niedrigen, für die Hoffamilie vorbereiteten Thronsessel Platz.

Das Orgelspiel setzte ein. Der duftende Weihrauch stieg in einer dicken Wolke empor. Die kleine Elisabeth versank in ein inbrünstiges Gebet. Als sie ihren Kopf aufmerksam hob, sah sie das Kruzifix, das ihr gegenüber aufgestellt stand. Das mit Dornen gekrönte Haupt des Erlösers und sein blutgetränkter, blasser Körper standen in großem Widerspruch zur dunklen Kirchenwand. Sie konnte wahrhaftig das Leiden Jesu nachfühlen. Sogleich griff sie nach ihrer Krone, fiel auf den Kirchenboden, bedeckte ihr Gesicht mit den Händen und weinte bitterlich.

„Was machst du da?", schallt sie die Fürstin Sophia. Hochmütig saß sie wie eine Königin auf dem Thron im Chorraum.

Die kleine Elisabeth schluchzte immer noch.

„Bist du verrückt geworden?", zischte die Fürstin, „ist dir die Krone zu schwer? Du Irre! Steh sofort auf!"

Elisabeth richtete sich auf und wandte sich mit den Tränen in den Augen an die Fürstin:

„Ich bitte Sie, liebe Frau, seien Sie nicht böse auf mich! Schauen Sie sich dieses Kreuz an!"

Die Fürstin richtete ihre Augen auf das Kreuz.

„Was stimmt nicht mit dem Kreuz?"

„Die Dornenkrone", stotterte das Mädchen, „solange unser Retter die Dornenkrone trägt, kann ich nicht die Goldene tragen!"

Die Fürstin regte sich fürchterlich auf. Gut, dass die Orgel laut spielte, so waren nicht alle Wörter zu hören gewesen, die aus dem Mund der erbosten Fürstin heraussprudelten.

„Du Schwachsinnige! Schmeißt sie sich auf den Boden wie ein Klepper. Du dumme Gans, du dumme! Du seniles Nönnchen! Jammert auf dem Boden wie eine unansehnliche Bauernmähre."

Nach diesem Ereignis verfiel die Fürstin in eine Art cholerische Überspanntheit. In ihrem Innern spann sie weiter an dem niederträchtigen Plan, das Mädchen so schnell wie möglich loszuwerden. Am besten wäre es, sie in ein Kloster zu schicken. Elisabeth sei so dumm und beschränkt, dass sie auch dort nur als die niedrigste Dienstbotin und Waschfrau gehen könnte. Den Fürsten Ludwig müsse sie nur so weit bringen, dass er seine Heiratspläne ändere. Er könne ein beliebiges junges Mädchen zur Frau nehmen. Nur dieses Dummchen nicht. Bei einer Gelegenheit weihte sie ihren Sohn vorsichtig in ihre Gedanken ein. Fürst Ludwig wies diesen Vorschlag entschieden zurück. Er schüttelte mit dem Kopf, und sein schönes blondes Haar wedelte um sein Haupt.

„Nein, nein, Mutter, das kann ich auf gar keinen Fall tun!"

„Warum denn nicht?"

„Weil sie meine Verlobte ist."

„Und wenn schon!"

„Auf jeden Fall ist sie ein gutes Mädchen, ein echter Engel. Ein reiches Mädchen, eine Prinzessin."

Diese Lobrede kostete die Fürstin viele Nerven. Mit einem fast feindlichen Blick schaute sie ihren Sohn an.

„Du bist verknallt in sie!"

Fürst Ludwig errötete. Die Worte klangen respektlos.

„Ja, damit du es weißt, ja, ich liebe sie!", rief er aus. Er war innerlich aufgewühlt und aufgeregt. Mit hochrotem Gesicht verließ er das Zimmer seiner Mutter.

Die Auseinandersetzung mit der Mutter brachte eine tiefgreifende Veränderung in der Seele des jungen Fürsten. Bis zu diesem Zeitpunkt empfand er keine besondere Affinität zu der kleinen Elisabeth. Insgeheim schaute er manches Mal mitleidig in das blasse Gesicht seiner kleinen Verlobten. Besonders dann, wenn sie nach vielen Erniedrigungen, die sie erdulden musste, bitterlich weinte. Von Zeit zu Zeit fand er ein Wort des Trostes für sie, indem er sagte: „Überlasse dich nicht der Traurigkeit, mein liebes ‚Schwesterlein'." Diese gefühlvollen Worte banden ihn noch nicht an sie. Als er aber Mutters ungezügelten Hass spürte, befahl ihm sein angeborenes ritterliches Taktgefühl, sich auf die Seite des Mädchens zu stellen. Das tat er nicht nur, weil es um seine zukünftige Frau ging, sondern weil er merkte, dass sie auf dem ganzen Fürstenhof nicht einen einzigen Beschützer hatte. Ehrliches Mitgefühl berührte mit der Zeit auch das Herz des siebzehnjährigen jungen Mannes. Sein Selbstbewusstsein entwickelte sich wie eine Blume, bei der sich aus der Knospe eine prachtvolle Blüte öffnet. Als in den Thüringer Niederungen der Schnee schmolz und der Frühling in den Wartburger Garten Einzug hielt, da ging im Herzen des jungen Fürsten die Sonne der ersten und einzigen Liebe auf.

O du reine, göttliche Liebe!

Die kleine Elisabeth war ganz glücklich, als sie merkte, dass ihr Verlobter sie häufiger besuchte, ihr immer öfters zulächelte, sie mit sanften Fragen überhäufte, sich nach ihren Wünschen erkundigte, sie bei ihren Spaziergängen begleitete, gerne mit ihr in die Kapelle ging, dort mit ihr kniete und andächtig betete.

Eines Tages spazierten die Verlobten an den Burgmauern entlang. Als die untergehende Sonne mit ihren goldenen Strahlen eine schöne Kulisse bot, drückte Ludwig Elisabeths Hand und flüsterte sehnsüchtig:

„Meine Teuerste, ich liebe dich."

Damals applaudierten die Engel im Himmel. Die Sterne schienen am Firmament und die Frühlingsblumen verbreiteten ihren lieblichen Duft im ganzen Tal. Ein seliges Lächeln huschte über das Gesicht der kleinen Elisabeth. Es verkündete das gute Gefühl, das eine Jungfrau mit einem Kettchen starker Verbundenheit und Zuneigung an ihren geliebten jungen Mann bindet. Damit sie dann vereint und nach dem ewig gültigen Gesetz Gottes leben. Als im Speisesaal der Burg die Fackeln angezündet wurden und der Fürstenhof bereits am Tisch Platz genommen hatte, führte Fürst Ludwig seine Verlobte an der Hand in den großen Saal. Mit Entschlossenheit und Würde bestimmte er:

„Ab heute sitzen wir nebeneinander am Tisch."

Die Hofgesellschaft sah sich besiegt, ähnelte einer Truppe Fledermäuse, die sich in ihre dunklen Löcher verkriechen. Wie ein geschlagenes Rudel musste der ganze Hof samt Fürstin Sophia ihre Echauffiertheit unter der Maske der Freundlichkeit verbergen. Diese heuchlerische Maske mussten sie von da an immer vor dem Paar tragen. Nun war es unmöglich, Elisabeth öffentlich zu erniedrigen, zu demütigen oder zu kränken. Es war ausgeschlossen, einfach an ihr vorbeizugehen, ohne sie zu beachten. Sie konnten Elisabeth nicht mehr von verschiedenen Festlichkeiten fernhalten. Sie konnten ihr nicht länger verbieten, an den Burgtoren Almosen an die Armen zu verteilen.

Der junge Herrscher beschützte und verteidigte sie!

„Träume ich?", fragte sich Fürstin Sophia des öfteren. War es denn möglich, dass es plötzlich so große Veränderungen gab und sie mit der verhassten Elisabeth umgehen musste wie mit einer zarten Blume? Sie traute sich nicht, ihre Meinung öffentlich zu verkünden. Verschwiegen und mit angehaltener Luft wartete sie auf das, was die Zukunft bringen würde.

In der nächsten Zeit passierte nichts Aufregendes. Das junge Paar wurde inniger miteinander. Fürst Ludwig nahm immer öfters und mit immer größerer Begeisterung Teil an den geistlichen Übungen seiner Verlobten. Wenn er auf die Jagd ging oder auf den nahe gelegenen Nachbarburgen zu Besuch weilte, brachte er stets ein nettes kleines Geschenk für Elisabeth mit: einmal einen seltenen Vogel, dann wieder eine Blume, die er unterwegs oben auf dem Felsen gepflückt hatte, oder zierlichen und wertvollen Schmuck vom Jahrmarkt in einer bedeutenden Stadt.

Wenn Ludwig längere Zeit außer Haus war, setzte Fürstin Sophia alles daran, Elisabeth das Leben schwer zu machen. Das Mädchen vertraute ihrem Verlobten bedingungslos. Wenn sie auch Boshaftigkeiten über Elisabeth verbreiteten oder sie verleumdeten, so konnte solches Verhalten das junge Paar nicht auseinanderbringen. Das Mädchen ließ alles über sich ergehen und hoffte auf eine glücklichere Zukunft.

Einmal war es passiert! Fürst Ludwig kam von einer längeren Reise zurück, ohne Elisabeth ein Geschenk mitzubringen. Sein Verhalten der Verlobten gegenüber zeugte fast von einer Art Kälte.

Dem scharfen Blick der Fürstin Sophia entging nichts. Sie sah, wie sich Schmerz und Betroffenheit in Elisabeths Gesicht spiegelten. Sie ergriff die Gunst der Stunde und wollte das Feuer schüren, indem sie versuchte, das Leiden der Prinzessin zu verstärken. Sie selbst und folglich auch ihre Untergebenen setzten das Gerücht in die Welt, Fürst Ludwig hätte sie nur aus Ritterlichkeit und Anstand in Schutz genommen, mit ihren Gefühlen nur gespielt und hätte nie eine tiefere Verbundenheit ihr gegenüber empfunden. Außerdem hätte er nicht die Absicht gehabt, sie zur Frau zu nehmen.

Die bösen Worte dieser Sirenen verwirrten Elisabeth. In ihrem jungen Herzen erwachte bereits ein schönes Gefühl für ihren Verlobten. Nun beschlich sie die Angst, dass es den Höflingen gelingen könnte, durch Intrigen und Heimtücke sie und den jungen Fürsten zu entfremden. Ihre jungfräuliche Schüchternheit erlaubte es ihr jedoch nicht, offen mit Ludwig darüber zu reden.

In ihrer Not wandte sie sich an den bedeutenden Mundschenk Gautier Varilla, der einmal in Bratislava geschworen hatte, der kleinen Elisabeth immer eine verlässliche Stütze zu sein. Er war bis jetzt seiner Pflicht nicht richtig nachgekommen. Als ihm nun die Prinzessin ihre Notlage erklärte, regte sich in Varilla gleichwohl ein schlechtes Gewissen. Er versprach, mit Fürst Ludwig zu sprechen. Einmal auf der Jagd, als sie unter sich waren, redete der Mundschenk respektvoll den jungen Mann an:

„Eure Hoheit, dürfte ich Euch etwas fragen?"

„Nur zu", erwiderte Ludwig in einem freundschaftlich vertrauten Ton.

„Hoheit! Fürstin Elisabeth habe ich aus Bratislava gebracht. Eure Hoheit und die Prinzessin sind langsam an dem Punkt angelangt, an dem der Zweck ihrer Reise hierher erfüllt werden kann. Am Hof gibt es viel Klatsch und Tratsch! Bitte, Hoheit, sagen Sie mir, wollen Sie die Fürstin zur Frau nehmen oder haben Sie vor, das Mädchen zurück nach Ungarn zu schicken?"

Den Fürsten regte diese Frage überhaupt nicht auf. Er wusste genau, was auf dem Hof vor sich ging.

„Siehst du diesen Berg hier?", fragte der Fürst und zeigte auf den in den Himmel ragenden Inselberg, „selbst wenn dieser aus reinem Gold wäre und man ihn mir anbieten würde, so würde ich ihn niemals für Elisabeth tauschen. Weil ich sie liebe. Ich liebe sie gerade wegen ihrer Gottesfürchtigkeit und ihrer schönen, reinen Seele. Genau das aber werfen sie ihr am Hofe vor und schimpfen sie dafür aus. Ja, ich werde Elisabeth zur Frau nehmen, und das so schnell wie möglich."

„Hoheit, ich danke Ihnen.“

„Schau“, setzte Fürst Ludwig fort, während er Varilla einen teuren, kunstvoll verzierten Spiegel übergab, „bringe diesen sofort zu der kleinen Fürstin. Sage ihr, ich sende ihr das Geschenk als Zeichen meiner Treue. Beruhige sie, denn keine Hofintrige wird mich von ihr entfremden!“

Als Varilla Elisabeth den Spiegel überreichte und ihr Ludwigs Worte wiedergab, erschien im Gesicht der jungen Fürstin ein beseeltes Lächeln. Ihr besorgtes Herz beruhigte sich. Fröhlich betrachtete sie den Spiegel. Als sie auf der Rückseite das Bildnis des Heilands sah, küsste sie die Abbildung.

„Danke dir, Varilla!“, flüsterte sie überglücklich und hielt ihm ihre Hand hin. Der oberste Mundschenk kniete nieder und küsste das zarte Händchen.

Bis zu der Hochzeit des jungen Paares musste noch eine unangenehme Angelegenheit erledigt werden. Der verstorbene Landgraf Hermann lag immer im Streit mit dem Kurfürsten von Mainz, dem Erzbischof Siegfried. Der Erzbischof von Mainz exkommunizierte den Landgrafen Hermann und seinen Sohn Ludwig. Dem jungen Fürsten tat das sehr leid, und er war willens, die Feindschaft zu beenden, was ihm jedoch nicht gelang. Deshalb machte er sich mit zahlreichen adeligen Jünglingen am 6. Juli 1218 auf den Weg nach Naumburg. Dort bat er den Erzbischof Engelhard, er möge im festlichen Initiationsritus die Schwerter segnen und die jungen Männer zu Rittern schlagen. Er legte einen Eid ab und versprach somit, sie würden als christliche Ritter immer und überall das Recht und den Glauben verteidigen, genauso würden sie die Witwen und Waisen beschützen. Fürst Ludwig rief dann noch alle Ritter aus Thüringen zusammen und führte den unterbrochenen Feldzug gegen den Erzbischof Siegfried fort.

Der Krieg dauerte lange und endete mit Ludwigs Sieg. Der Erzbischof war gezwungen, seine Niederlage einzugestehen. Der Abt des Hersfelder Klosters in Fulda diente als Vermittler, und so wurde 1219 in der Kirche St. Bonifatius der Frieden besiegelt. Der Erzbischof von Mainz nahm in einer feierlichen Zeremonie die Exkommunikation gegen Fürst Ludwig zurück. Von da an lebten Erzbischof Siegfried und Fürst Ludwig im christlichen Frieden miteinander. Als der junge Herrscher als Sieger auf die Wartburg zurückkehrte, empfing ihn die thüringische Gesellschaft mit großer Freude. Nun stand der Trauung des schönen Paares nichts mehr im Weg. Einerseits war das Brautpaar wirklich sehr jung, andererseits aber durch besondere Zuneigung Gottes seelisch und körperlich für ihr Alter weit entwickelt. Fürst Ludwigs blühende Jugend, sein autarkes Denken, seine Tatkraft – all das machte einen erwachsenen Mann aus ihm. Genauso sah ein jeder in Fürstin Elisabeth, in ihrer grazilen Figur, der Ernsthaftigkeit und Reinheit ihrer Seele, eine erwachsene, ledige junge Dame. Auch wenn sie erst vierzehn Jahre alt war. Die Fürstin Sophia versuchte die Heirat zu verhindern. Damit würde sie Elisabeth den Todesstoß versetzen. Sie selbst wollte gerne so lange wie möglich regieren.

Fürst Ludwig, der inzwischen zwanzig geworden war und damit volljährig, ließ die Trauung nicht länger verschieben. Mit Entschlossenheit, die keine Widerrede duldete, befahl er, die Hochzeit auszurichten.

Ganz Thüringen bereitete sich fieberhaft auf das große Ereignis vor.

Das ganze Land verehrte den jungen Herrscher wegen seines Mutes und seiner Ritterlichkeit. Der gute Ruf der taufrischen Braut war weit verbreitet, ihr Erbarmen den Armen gegenüber bereits legendär geworden.

Fürst Ludwig hatte alle ranghohen thüringischen Herrschaften, Barone und Ritter und ihre Ehefrauen auf die Wartburg geladen. Er schickte Boten nach Ungarn, damit auch die ungarischen Magnaten und Elisabeths Familie zum Fest kämen. Aus allen Teilen des Landes trafen die Eingeladenen ein. Auch aus Ungarn reisten die hohen Herren an und brachten königliche Grüße und viele teure Geschenke. Die Gäste, die nicht auf der Wartburg untergebracht werden konnten, bekamen eine feine Unterkunft in Eisenach. Die Trauung fand in der St.-Georgen-Kirche in Eisenach statt. Viel Prunk und Pomp sammelte sich in Thüringen und sorgte für Glanz auf dem Wartburger Hof. Der Hochzeitszug ging zu Fuß den steilen Weg nach Eisenach hinunter. Elisabeth trug ein weißes Kleid, durchzogen mit silbernen Fäden, und schritt in Begleitung des Grafen von Mühlberg und des Mundschenks Varilla zur Kirche. Der junge Herrscher glänzte in seiner Fürstenpracht. Auf dem Kopf Ludwigs wie auch Elisabeths blitzten Fürstenkronen. Fürstin Sophia und ihre Kinder begingen das Hochzeitsfest mit großem Aufwand. Sie legten den kostbarsten Schmuck an. Die Abneigung gegenüber der Braut, die sie sonst gerne zur Schau trugen, verschwand an diesem Tag aus ihren Gesichtern.

In der Kirche vor dem großen Altar wartete der Erzbischof von Thüringen, eingehüllt in den feierlichen kirchlichen Ornat, auf das blutjunge Brautpaar. Graf von Mühlberg und Varilla führten die blühende Braut zum Altar. Dort angekommen, legten sie ihre Hand sanft in die Hand des Fürsten Ludwig. Die Verlobten knieten nieder und empfingen das Sakrament der Ehe, das sie für immer verband.

Die jungen Vermählten setzten sich erstmals auf den Thron, der im Eisenacher Heiligtum aufgestellt war. Nun waren sie rechtmäßige Herrscher über das unabhängige Thüringen. Der ganze Fürstenhof, angefangen bei der Fürstin Sophia bis hin zum letzten Ritter, erwies ihnen die Ehre, die ihnen gebührte.

In der Kirche erklang die Orgel, draußen auf den Straßen jubelte das Volk.

„Alles Glück dem Herrscherpaar!“, konnte von allen Seiten vernommen werden.

„Alles Glück dem gottesfürchtigen Paar!“, riefen die Armen und die Bettler.

Der prachtvolle Hochzeitszug machte sich auf den Weg zurück auf die Wartburg. Dort fanden die Feierlichkeiten zur Ehre der Vermählten statt: Ritterturniere, Lanzenstechen, abendliche Tanzveranstaltungen und noch viele andere Vergnügungen. Die Festivitäten dauerten drei Tage. In dieser Zeit waren jeder Edelmann und jeder Einwohner auf der Wartburg oder in Eisenach Gast der Jungvermählten.

Jeden Nachmittag öffneten sich die großen Burgtore. Elisabeth, die neue Herrscherin in Begleitung ihrer Dienerinnen, verteilte persönlich den Menschen dort die vielen milden Gaben. Sie wünschte sich, auf diese Weise jeden Bettler in Thüringen bewirten zu können. Während des ausgiebigen Festes war Elisabeths größte Freude, uneingeschränkt Almosen unter den Armen zu verteilen.

Auf der Wartburg kehrte wieder friedliche Stille ein. Ein richtiges Silentium, das anstatt der lärmenden Freude den göttlichen Frieden inthronisierte. Die Dichterwettbewerbe verstummten. In diesen Wettstreiten hatten die Dichter sehr gerne die heroischen Taten des verstorbenen Fürsten gefeiert. Dafür erklangen aus der Burgkapelle nun immer öfters Gesang und liturgische Psalmengebete, wenn die junge Herrscherin mit ihrer Dienerschaft ehrfürchtig ihre nachmittägliche Andacht verrichtete. Sie zwang niemanden, sich ihr anzuschließen. Natürlich wollten Fürstin Sophia und ihre Töchter sowie deren engste höfische Begleitung für nichts auf der Welt dort sein. Doch traute die Landgräfin sich nicht, dem Hof die Frömmigkeit zu verbieten oder zu befehlen, sich Elisabeths Wünschen zu widersetzen. Die junge Herrscherin verstand es, auf eine ihr eigene, sehr nette und anmutige Art den Hofstaat in die Kapelle einzuladen, so dass ihr die meisten folgten. Allen voran zwei liebe Hofdamen, Isentrud von Hörselgau und Guda. Diese beiden waren ihrer Herrin treu ergeben und begleiteten sie überallhin. Sie waren wie ihre Schatten.

Der junge Fürst war glücklich, wenn er Elisabeths Gesicht sah, das einer roten Blüte gleich in Seligkeit erstrahlte. Er untersagte ihr nichts, und oft nahm er selbst mit großer Begeisterung an den geistigen Übungen teil.

Die ruhige Lebensweise auf der Wartburg wurde außerdem durch einen anderen Umstand zusätzlich verstärkt und machte sie noch beliebter. Wegen übertriebener Verschwendung in der Vergangenheit und den teuren Schenkungen verschlechterte sich die materielle Lage des Fürstentums. Die Bewirtung der vielen Gäste bei der Trauung hatte viel gekostet. Dem jungen Fürsten stand nicht immer genügend Vermögen zur Verfügung. Er war gezwungen, hier und da eine kleine Länderei zu verpfänden, um an die erforderliche Geldsumme zu kommen. Ihn, der eine fromme und gerechte Seele besaß, durchfuhr ein Schrecken, wenn er an den Wucher und die Zerstörungen dachte, die seine Vorfahren sich geleistet hatten. Ludwig verbot seinen Rittern solches Benehmen. Wenn er erfuhr, dass sie einem seiner Untertanen unrechtmäßig Hab und Gut abgenommen hatten, so war er gewillt, auch mit Waffen einzugreifen, um das Unrecht zu bestrafen. Er gab dann das widerrechtlich erworbene Land an den rechtmäßigen Eigentümer zurück. Seine Strenge traf ohne Ausnahme jede Person. Ganz bald war den Thüringer Baronen klar, Fürst Ludwig war entschlossen, auch für den geringsten Untertanen Gerechtigkeit walten zu lassen. Wenn nötig, mit eiserner Faust.

Elisabeth lebte glücklich mit ihrem Mann. Sie waren oft zusammen und taten alles, um einander gefällig zu sein. Die beiden tauschten sich über vieles aus. Ludwig willigte gerne ein, dass seine Frau die Bedürftigen versorgte. Persönlich sprach er ihr Lob aus für ihre Bereitschaft, Almosen zu verteilen, und auch für ihr Fasten. Gleichzeitig bat er seine Frau, sie möge auf sich aufpassen, denn ihre Erregung und Selbstverleugnung könnten ihrer Gesundheit schaden. Bei diesen Worten ihres Mannes errötete Elisabeth. Sie traute sich nicht, ihm zu gestehen, dass sie den größten Teil des Tages einen mit Nägeln versehenen Gürtel um ihre Taille trug. Auf diese Art wollte sie das Leiden Jesu nachfühlen, das dieser bei seiner Auspeitschung ertragen hatte müssen. Was für eine Vorstellung: Cilicium um die Körpermitte der zarten jungen Frau!

In die Stille der letzten Monate platzte Besuch aus Ungarn herein. Vier ungarische Magnaten waren auf dem Weg nach Aachen, um das Grab von Karl dem Großen zu besuchen. Als sie durch Thüringen reisten, hörten sie viel Getuschel darüber, was auf dem Wartburger Fürstenhof so vor sich geht. Unter anderem, dass Elisabeth im Streit mit ihrer Thüringer Verwandtschaft leben müsse, weil diese sie hasse. Auch hörten sie, ihre Ehe sei unglücklich, denn ihr Mann Ludwig liebe sie nicht. Diese weitverbreiteten Gerüchte (die zum Glück nicht mehr stimmten) waren der Grund, warum die vier mächtigen Ungarn ihre Reise nach Aachen unterbrachen und zurück nach Bratislava ritten. Dort berichteten sie dem König, was sie über die Geschehnisse auf der Wartburg gehört hatten. Unverzüglich schickte dieser die Magnaten nach Thüringen zurück und ordnete Folgendes an: Die ungarischen Magnaten mögen bei dem Fürstenpaar vorbeischauen und Ludwig mit seiner Frau nach Bratislava einladen. Der ungarische König wollte seinen Schwiegersohn kennenlernen. Die ungarischen Gesandten verursachten ein wildes Durcheinander auf der Wartburg. In der letzten Zeit war Elisabeth, obwohl mit der Einwilligung ihres Mannes, dann aber doch ein wenig zu großzügig beim Verteilen der Almosen gewesen. Sie verteilte unter den Armen nicht nur Geld, sondern auch ihre Kleidung. Unter anderem verschenkte sie sogar Teile ihrer herrlichen Herrscherrobe. Es war unmöglich, auf die Schnelle eine Neue zu besorgen, die der Tochter eines Königs würdig wäre. Aufgrund dessen entstand vor dem Eintreffen der ungarischen Magnaten ein Tohuwabohu. Sogar Ludwig wandte sich mit einer ein klein wenig vorwurfsvollen Stimme an seine Frau:

„Schau, in was für eine peinliche Lage du uns gebracht hast. Du denkst nur an die Armen, und darüber vergisst du dich selbst!“

„Du musst wegen mir nicht beunruhigt sein, mein lieber Mann“, beschwichtigte Elisabeth ihn, „mit Freundlichkeit und Hingabe werde ich die Schmuckstücke ersetzen, die auf meiner Robe fehlen!“

Daraufhin eilte sie in die Kapelle und bat Gott inbrünstig, sie im Namen der armen Sünder, die ihm am meisten am Herzen liegen, aus der Notlage zu befreien. Damals in Jerusalem bei der ersten „Missionar-Rede“ des hl. Petrus, hat Gott das Sprachwunder vollbracht. Alle Fremden haben die aramäischen Worte des Apostels verstanden, obwohl sie dessen Sprache nicht mächtig waren. Genauso machte es nun Gott mit den Augen der ungarischen Gesandten. Elisabeths einfaches Gewand erschien ihnen wie ein wunderbares Königinnenkleid, das von vielem Gold und Edelsteinen wunderbar glänzte. Die Gesandten des Königs meinten sogar, die festliche Robe der prächtigen französischen Königin könne nicht so wunderschön sein wie die, in der die junge Fürstin die Magnaten empfangen hatte.

Das Fürstenpaar ließ dem ungarischen König ausrichten, es nehme die Einladung dankend an. Sobald es möglich sein würde, würden sie nach Bratislava kommen. Fürst Ludwig begleitete die ungarischen hohen Herren ein Stück auf ihrem Heimweg. Als er zurückkehrte, fragte er Elisabeth:

„Woher hast du so schnell dieses wunderschöne Kleid bekommen?“

Elisabeth antwortete lächelnd: „Wenn er es für rechtens hält, kann unser gütiger Gott eine so gute Tat vollbringen.“

In dem Augenblick, als die Gäste die Wartburg verließen, fingen die Vorbereitungen für die Reise nach Bratislava an. Das junge Paar wollte sich bereits in dem ersten Jahr ihrer Ehe, das war 1221, auf den

Weg dorthin aufmachen. Nun wurde ein erstklassiges Gefolge zusammengestellt. Unter den Gefolgsleuten befanden sich alle diejenigen, die bereits vor zehn Jahren nach Bratislava gegangen waren, um Elisabeth zu holen. Der schon ergraute Varilla bereitete sich mit großer Freude auf die lange Reise vor. Auch sein Sohn Rudolph würde mitkommen. In der Gefolgschaft waren einige Grafen: Günther von Käferburg, Heinrich zu Stollberg, Gottfried von Ziegenhain, Heinrich von Schwarzburg. Auch viele Ritter bekamen die Erlaubnis, mit dem fürstlichen Adel nach Bratislava zu reisen. Elisabeths Begleitung bildeten ihre liebsten Hofdamen und ihre zahlreichen Dienerinnen. Das junge Paar ritt auf ihren Pferden. Der Weg führte durch Österreich, und die Gefolgschaft erregte großes Aufsehen. Das Wetter hielt während der ganzen Reise. Der lange Weg war für Elisabeth in keiner Weise ermüdend.

In der Ferne glänzte schon der Turm des Schlosses von Bratislava. Die Jungvermählten ritten im Galopp, sie waren aufgeregt und voller Freude und wollten schnellstmöglich in Bratislava ankommen.

Das Treffen war herzerschütternd.

Sobald sie abstieg, umarmte König Andreas mit Tränen in den Augen seine Tochter, die wunderschöne junge Frau. Väterlich wies er den Fürsten Ludwig an aufzustehen, als dieser vor ihm ehrerbietig kniete, und umarmte ihn.

„Meine lieben, schönen Kinder“, wiederholte der König immer wieder. Er war glücklich, seine Lieben hatten ihm gefehlt, und er wollte sie nicht mehr missen.

In Elisabeth erwachten die fast schon vergessenen Erinnerungen an ihre Kindheitstage. Gemeinsam mit ihrem Mann ging sie auf all den Pfaden spazieren, die sie damals, als sie noch im Kindesalter war, gut kannte. Sie stiegen auf den Wehrturm hinauf, und von der Aussichtsplattform schauten sie auf die beeindruckende und malerische Landschaft und auf die schöne blaue Donau. Sie besuchten auch die St.-Peter-Kirche, in der Elisabeth getauft worden war. Mit einem innigen Gebet dankten sie Gott, der sie füreinander bestimmt hatte.

Die Königsfamilie überschüttete die Gäste mit Aufmerksamkeit und Herzenswärme. Es gab vergnügliche Feierlichkeiten, Ritterturniere, Tanzveranstaltungen und auch laute Jagden. An der Treibjagd nahm auch der König mit seiner ganzen Familie teil. Allen voran ritt der ungarische Thronfolger Fürst Béla. Er schloss mit dem fast gleichaltrigen Fürsten Ludwig brüderliche Freundschaft.

Die schönen Stunden der Freude verdunkelte bisweilen nur ein Gedanke. Dann zeigte sich auf Elisabeths Gesicht tiefe Trauer. Das passierte, wenn sie an ihre Mutter, die ermordete Königin Gertrud, dachte. Sooft sie auf ihr frühes Zuhause blickte, überkam sie mit voller Kraft die Erinnerung.

„Meine arme Mutter!“

Dann schlich sie sich, ohne Aufmerksamkeit zu erregen, von den höfischen Gesellschaften weg, eilte in die Kapelle und betete dort für ihre Mutter, die so tragisch aus dem irdischen Leben geschieden war. Gleichzeitig gedachte sie in ihren Gebeten auch der Mörder. In den Kirchen bestellte sie heilige Messen für Mutters ewige Ruhe und Frieden. Mit Vaters Erlaubnis verteilte sie allen Armen in Bratislava reichlich Almosen und bat diese, ausgiebig für ihre Mutter zu beten.

Die schönen Tage in der Heimat waren gezählt. Der Zeitpunkt des Abschieds kam. Die Gäste mussten sich wieder auf den Weg zurück nach Thüringen machen. Dort warteten die Regierungspflichten auf das junge Paar.

Beim Abschied wiederholten sich die Szenen wie schon vor zehn Jahren, nur dass diesmal die Trennung noch schmerzlicher war. Der ergraute König Andreas umarmte seine Tochter so innig, als würden sie sich das letzte Mal in diesem Leben sehen. Beide weinten. Elisabeth bat ihren Vater zu Maria zu beten, der uralten Fürsprecherin der Ungarn. Als die mit teuren Präsenten, mit Gold und wertvollen Edelsteinen beschenkten Gäste in beladenen Wagen Bratislava verließen, waren Tränen in den Augen vieler zu sehen. Elisabeths Schmerz berührte sie zutiefst.

Mit solch traurigen Gefühlen in Herzen kehrten sie zur Wartburg zurück.

Zu Hause in Thüringen wartete auf das junge Paar eine große Überraschung. Fürst Heinrich von Österreich bat um die Hand der Fürstin Agnes. Die verwitwete Sophia wartete nur noch auf Ludwigs Rückkehr. Dieser willigte gerne in die Heirat seiner kleinen

Schwester ein. Erneut gab es auf der Wartburg ein großes Hochzeitsfest und viele Feierlichkeiten.

Diese vielen weltlichen Vergnügungen ermüdeten Elisabeth. Sie hielten sie ab vom Beten. Auch für die Armen hatte sie weniger Zeit, als sie es gerne gehabt hätte. Doch ihre Verpflichtungen nahm sie ernst und wusste, wie sehr ihre eitle und auf ihre Schönheit bedachte Schwägerin Agnes verletzt wäre, wenn sie nicht an ihrem Hochzeitsfest teilnehmen würde. Sie könnte Elisabeth beschuldigen, aus Rachegefühlen nicht zu ihrer Hochzeit erschienen zu sein. Doch Ludwigs Frau hatte bereits von ganzem Herzen Agnes die vielen Beleidigungen verziehen, die sie seit ihrer Kindheit hatte erdulden müssen. Also machte sie mit bei den Vorbereitungen zum großen Fest. Ihre Sprache und ihr Benehmen riefen bei den versammelten Gästen Bewunderung für ihre Tugendhaftigkeit und Unbescholtenheit hervor. In ihrer Anwesenheit falteten automatisch alle ihre Hände zum Gebet, besonders diejenigen, die bereits früher von ihrer strengen und frommen Lebensart gehört hatten. Während die Festivitäten in vollem Gang waren, überlegte Elisabeth bereits, wie sie ihre benötigte Nachtruhe verkürzen könnte. Und wirklich, wenn alle bereits fest schliefen, stand sie von ihrem harten und einfachen Nachtlager auf und vertiefte sich ins Beten. Erst als die Morgenröte leise durch das Fenster ihres Schlafzimmers schaute, merkte sie, wie vertieft sie in ihr frommes Gebet gewesen war.

Genau am Tag der Hochzeit kam es zu einem legendären Ereignis. Die Gäste saßen bereits im wunderbar erleuchteten Speisesaal der Burg. Es fehlte nur noch Elisabeth, die in der Kapelle betete. Sie konnte sich nicht verabschieden vom Heiland, in dessen glückbringenden Augen sie ganz vertieft war. Plötzlich wurde ihr bewusst, es gilt keine Minute mehr zu verlieren, wollte sie nicht zu spät zum Hochzeitsmahl kommen, und sie rannte schnell die Treppe der Kapelle hinunter. Dort ging ein armer Bettler hin und her. Es sah ganz so aus, als hätte er auf sie gewartet. Seine Kleidung war nur ein Fetzen, sein Gesicht ganz blass. Es war ihm anzusehen, dass er krank war. Als er Elisabeth bemerkte, ging er vor ihr auf die Knie und streckte bittend seine Hand aus.

„Frau, erbarme dich meiner!"

Elisabeth trug für gewöhnlich kein Geld mit sich. Nun war auch keine Zeit mehr, um Almosen zu holen. Kurz dachte sie daran, dem Bettler etwas Essen vom Festmahl zu schicken. Als sie sein eingefallenes Gesicht betrachtete und die dürren, ausgestreckten Hände, die um ein Almosen baten, überkam sie seraphische Liebe. Folgende Worte Jesu kamen ihr in den Sinn: „Ich sage euch: Was ihr für einen meiner geringsten Brüder getan habt, das habt ihr mir getan."[1] Ohne zu zögern, nahm sie ihren seidenen Mantel, der für die Hochzeitsfeier für sie gefertigt worden war, ab und schenkte diesen dem Bettler, der sich seinerseits ausgiebig bedankte. Elisabeth eilte dann in die Umkleideräume, um dort Gott um Rat zu bitten, was nun zu tun wäre. Es

[1] (Matthäus 25.40, Bibel – Einheitsübersetzung, Anm. der Übersetzerin).

war klar, nach den strengen Hochzeitsregeln dürfte sie ohne die dafür vorgesehene feine Bekleidung bei dem Festessen nicht erscheinen.

Der Oberhofmarschall trat unter die bereits ungeduldig wartende Gäste und sagte mit zurückhaltender Miene zum Fürsten Ludwig:

„Eure Hoheit! Machen Sie sich selbst ein Urteil über das Benehmen Ihrer Gemahlin! Gerade eben sahen wir einen Bettler mit dem Hochzeitsfest-Mantel der Fürstin hier weggehen. Ohne diesen Mantel darf sie nicht zum Festmahl erscheinen!"

Die Gäste lächelten und Ludwig eilte in die Räume seiner Frau.

„Meine Liebe! Warum kommst du nicht zu Tisch? Alle warten ungeduldig auf dich!"

Elisabeth war in größter Bedrängnis.

„Ich komme sofort!", antwortete sie.

„Wo ist dein seidener Mantel? Du weißt, ohne diesen kannst du nicht am Hochzeitsessen teilnehmen."

„Richtig! Hier war wieder ein Bettler. Er sah erschöpft und ganz krank aus. Ich gab ihm den Mantel. Und er nahm ihn."

Die Hofdienerin, die für Kleidung zuständig war, eilte herbei und teilte mit, der seidene Mantel für das Hochzeitsfest sei an seinem Platz.

„Was redest du da?", war Ludwig fassungslos.

„Ich bringe ihn her", erwiderte die Hofdame.

Und schau, nach einigen Minuten brachte sie das wunderschöne Gewand und legt ihn über Elisabeths Schulter. Die junge Fürstin und ihr Mann gesellten sich zu den verblüfften Gästen und bestaunten den wunderschönen Mantel.

Das Abendessen endete in einer feierlichen Stimmung. Alle standen noch unter dem Eindruck des geheimnisvollen Ereignisses. Ehrfürchtig schauten sie Elisabeth an, die ganz ergriffen am Tisch saß und ein Dankgebet flüsterte.

Niemand sah einen Bettler durch die Burgtore den Hof verlassen. Ganz schnell kam das Gerede auf:

„Jesus selbst war hier! Er persönlich war der kranke Bettler!"

Auf den langen Gängen brannten mit Pech getränkte Fackeln. Ihr Licht flackerte und warf Bilder der himmlischen Boten an die Wände.

Der kleine Page bekreuzigte sich, als er an Elisabeths Wohnräumen vorbeieilte.

Worin lag und worin liegt heute noch der Sinn der Askese, welche in anderen Glaubensrichtungen als dem Christentum entstand? Der Jesuit Tomáš Kardinal Špidlík erklärt die Askese als eine Handlung, welche die Seele des Menschen von allem befreit, was diese Seele an das irdische Leben, die irdischen Interessen sowie an die niederen irdischen Genüsse bindet. Askese bewahrt den Menschen vor der Sünde. Damit ist sie vor allem als Methode der Prävention zu verstehen. Wenn wir lesen, welcher Strenge sich die Schüler des Pythagoras unterziehen mussten, auf welche Weise sich tibetanische Mönche oder indische Asketen kasteiten, wird uns klar: Die Bußübungen im Christentum sind nur ein Schatten dieser großen Bußpraktiken.

Špidlík erläutert weiter, dass die christliche Askese in erster Linie die Beseitigung der Folgen der begangenen Sünde bedeutet. Es geht darum, wie ein Fehler zu beheben ist und wie der Mensch wieder gutmachen kann, was er falsch gemacht hat. Die christliche Buße vermag jedoch noch mehr. Ihre Kraft steckt in der inneren Verbindung zum Kreuz und zur Auferstehung Christi. Die Auferstehung gibt dem Kreuz und dem Tod ihre Bedeutung und damit auch dem, was vorher war, und dem, was danach kommt. Es ist eine Frohbotschaft, die besagt: Gott vermag sogar das Böse in etwas Gutes zu verwandeln. Rodriguez, einer der ersten Jesuiten, erklärt dies mit einer naiven, jedoch treffenden Metapher folgendermaßen: Jemand zerriss sein neues schönes Gewand. Ein geschickter Schneider schaffte es, an der zerrissenen Stelle ein Schmuckstück so anzubringen, dass man sich dieses Gewand ohne den Schmuck gar nicht vorstellen könnte. So schämen sich die Heiligen im Himmel nicht mehr ihrer vergangenen Sünden. Sünde und Buße machten aus Augustinus einen großen Heiligen. Deshalb überrascht es nicht, dass sich im Laufe der Kirchengeschichte viele Prediger für die Tugend der Gehorsamkeit begeisterten. Sie brachten die frohe Botschaft des Evangeliums: Alle begangenen Sünden, auch die schlimmsten, vergibt Gott, wenn der Sünder Buße tut und die Sünden bereut. Der armenische Schriftsteller und Mönch Gregor von Narek schrieb: Die Tränen, die wegen der begangenen Sünden fließen, sind wie lebendiges Wasser, das die Wüste in das Himmelreich und den himmlischen Garten verwandelt.

Kapuzinerpater Miha Sekolovnik fügt hinzu, dass jede Bekehrung ein ganz persönlicher Prozess zwischen Mensch und Gott ist. In diesem Sinne ist es nicht ganz richtig allgemein zu sagen, dass Jesus am Kreuz für uns gestorben ist, sondern „Jesus ist am Kreuz für mich gestorben". (Anm. der Redaktion)

Elisabeth versteckt milde Gaben für die Bettler unter ihrem Mantel. Ludwig sieht es und bittet seine Frau, ihren Umhang zu öffnen. Anstatt der Almosen erscheinen vor seinen Augen wunderschöne rote und weiße Rosen.

6.

In den Tälern schmolz bereits der Schnee. Felder und Wiesen waren grün. Zwischen den Graskeimen hatten Millionen dunkelblauer Veilchen ihre Köpfchen erhoben. Sei gegrüßt, du schöner Frühling! Durch dich sprießen aus den Überresten trockenen Laubes neue Triebe aus, die Unsterblichkeit verheißen, solange Gottes Sonne über uns scheint. Der Frühling im Jahre 1222 brachte auch Thüringen einen neuen Spross. Am achtundzwanzigsten März bekam Elisabeth auf der Creuzburg ihr erstes Kind.

Kurz vor der Niederkunft beschloss das Fürstenpaar, sich aus der lautstarken Wartburg auf die kleinere, ruhigere Creuzburg zurückzuziehen. Sie liegt in der Nähe des Landes Hessen, eingebettet in einer schönen Landschaft oben auf einem wonnigen, kleinen Hügel. Gerade hatte dort der junge Fürst an dem Hof- und Reichstag teilgenommen.

Auf der Creuzburg angekommen, zog Elisabeth sich von der lauten Gesellschaft zurück. Sie überließ sich dem Beten, fastete und verteilte Almosen. Währenddessen wartete sie auf den seligen Moment, wenn Gott sie mit einem Neugeborenen beschenken würde.

Auch gab sie dem Wunsch ihres Mannes nach, wegen des Kindes, das bald geboren werden sollte, auf das übertriebene Fasten zu verzichten und sich nicht mehr zu geißeln. Schließlich sei sie in gesegneten Umständen.

Der kleine Thronfolger wurde geboren. Boten eilten zu dem Fürsten, um ihm so schnell wie möglich die gute Nachricht zu überbringen. Stolz und glücklich ritt Ludwig auf die Creuzburg, um seinen Erstgeborenen und seine Frau, die gerade Mutter geworden war, zu sehen. Selig nahm er das Neugeborene an sich, hob es hoch und hielt es in die Höhe. Das Kind hatte ein rosiges, liebes Gesicht. Ludwig streichelte die sanften, zarten Hände Elisabeths, die auf dem weißen Kissen des Wochenbetts ruhten.

Sogleich wurde die Taufe vorbereitet. Alle dankten Gott für die glückliche Geburt. Sie tauften den Neugeborenen auf den Namen Hermann. In dieser Fürstenfamilie war es Sitte, den Erstgeborenen den Namen seiner Vorfahren zu geben.

Als die vierzig Tage nach der Geburt verstrichen waren, ließ Elisabeth ihr Kind in der Kirche St. Katharina taufen, die in einer kurzen Entfernung zu Eisenach lag. Wie bereits bei anderen Festlichkeiten verschenkte die junge Fürstin ihr Kleid – nun an eine bedürftige Frau, die guter Hoffnung war. Daraufhin kehrte sie mit ihrem Mann und mit wenigen Begleitern auf die Wartburg zurück.

Was dann kam, waren die glücklichsten Zeiten, die eine junge christliche Mutter je erleben konnte.

Mit ihrer ganzen Herzlichkeit beugte sie sich über ihr Kindlein, das wie eine Blumenknospe aufblühte. Sie breitete über ihm die ganze und vollkommene Liebe einer Mutter. Neben ihrer alltäglichen Sorge um die Armen erwuchs eine neue Blume in ihrem Herzen: eine barmherzige, heilige Liebe zu den jungen Müttern und deren Kindern. Deren Blüte verblühte nie.

Sobald sie hörte, dass in der Nähe ein Kind einer Armen geboren worden war, besuchte sie die Wöchnerin und saß stundenlang an ihrem Bett. Beide, die junge Mutter wie das Neugeborene, wurden von ihr mit Essen und Bekleidung versorgt. Meistens brachte sie den Säugling selbst zur Taufe in die Kirche. In ihrem Inneren fühlte sie sich dadurch der Wöchnerin und dem Neugeborenen als Taufpatin verbunden und konnte für sie sorgen.

Viele verarmte Mütter konnten wegen ihrer zahlreichen Kinder und Kleinkinder die alltäglichen Arbeiten nur schwer verrichten. Um die vielen Waisen kümmerte sich niemand. Als Elisabeth das alles sah, schuf sie in Eisenach ein Obdach für Aussätzige. Dort hieß sie alle armen Mütter und pflegebedürftige Kleinkinder aus der Gegend willkommen.

Die glücklichsten Momente ihres Lebens erlebte sie mit den armen Kindern in der Herberge. Sie überhäufte die Kleinen mit der zarten Liebe einer Mutter.

„Mama! Mama!", riefen sie fröhlich lärmend und wandten sich ihr zu, sobald Elisabeth unter ihnen erschien. Die hochgewachsene Fürstin nahm einen nach dem anderen auf ihren Schoß, umarmte sie und bedeckte sie mit Küssen. Mit liebevoller Fürsorge bemühte sie sich darum, dass die Kleinen ihre Armut vergaßen. Der frommen Frau des hohen Fürsten passierte Folgendes: An einem Wintertag lief sie ohne Begleitung den steilen Fußweg von der Burg hinunter nach Eisenach. Sie trug ein schweres Bündel mit Geschenken. Auf dem verschneiten Weg rutschte sie aus. Das Geschnürte fiel auf den Boden und kullerte den ganzen restlichen Weg hinunter, bis es am Fuße der Burg zu liegen kam. Nachdem ihr geholfen wurde, brachte sie das Bündel zu den Kindern. Helle Begeisterung überkam alle, als sie merkten, dass nichts zu Bruch gegangen war. Und auch diesmal waren die Menschen bereit, dieses unglaubliche Ereignis als ein Wunder Gottes anzusehen. Während sie sich um die Waisen kümmerte, vernachlässigte Elisabeth sich immer mehr. Es reichte ihr nicht zu fasten, zu beten und sich zu kasteien. Um reumütig Buße zu tun, suchte sie sich Mittel aus, die nicht einmal bei den Heiligen zu finden sind. Nicht nur, dass sie die Tage damit verbrachte, Gutes zu tun und zu beten, immer öfters benutzte sie dafür auch die Nächte.

Als nachts auf der Burg alle schliefen, weckte sie ihre vertrauensvollste Hofdienerin auf, reichte ihr die Peitsche mit Nägeln und bat sie lächelnd, sie auszupeitschen.

„Aber Eure Hoheit!“, widersprach die Hofdame.

„Auch Jesus hat gelitten, peitschen Sie mich aus!“, ermunterte Elisabeth sie, ließ ihren Umhang fallen und zog ihr weißes Unterhemd aus. Erbarmungslos trafen die Peitschenhiebe den nackten Körper.

Auf der sanften Haut erschienen rote Striemen. Die kleinen Eisennägel hinterließen blutige Wunden. Wie eine reuige Sünderin hob die Fürstin ihre Augen zum Himmel und dankte Gott, weil ihre Leiden denen des Erlösers ähnelten.

Jeden Freitag ließ sie sich auspeitschen. Später, nach dem vierzigtägigen Fasten, erduldete sie es jeden Tag. Ihren Körper marterte sie mit Bußgürtel, der mit kleinen Nägeln versehen war. Das machte sie so exzessiv, dass ihre Unterwäsche sich von dem Blut rot färbte, was nicht zu sehen war, weil ihre Oberbekleidung die Blutspuren verdeckte. So merkte niemand, in welchen Schmerzen und in welchem Fieber der misshandelte Körper zitterte.

Ihre Leiden zeigte sie nicht. Immer hatte sie ein lächelndes und fröhliches Gesicht. Sie ähnelte einer schönen, zarten Blume. Gottesdienste besuchte sie mit Freude, und wenn sie einmal jemanden sah, der beim Beten ein finsteres Gesicht machte, ermahnte sie ihn gern:

„Schaue nicht grimmig zu deinem Gott. Was du zu geben hast, gib ihm von ganzem Herzen."

Diese frohgemute Art machte sie später zur ruhmreichen Heiligen. Gottes Willen erfüllte sie als Ehefrau und Mutter. Mit unvorstellbarer Liebe sorgte sie für die zwei Mädchen, die nach Hermann geboren wurden, für Sophie und Gertrud. Ihre Liebe zu Gott war unermesslich. Alle Leidenden auf der Welt wollte sie an sich drücken, sie umarmen und wollte jedem von ihnen Mutter und Dienerin sein.

Fürstin Sophia versuchte des Öfteren Elisabeths Wohltätigkeit und das Verteilen der Almosen zu unterbinden. Etliche Male führte sie Ludwig drastisch vor, wie seine Frau die ganze Burg in eine Armenunterkunft verwandeln würde, wie sie für die Armen das ganze Geld verplemperte, verbrauchte und verschwendete.

Der junge Fürst tröstete seine Mutter und versuchte sie zu beruhigen. Manchmal ermahnte er sogar Elisabeth, sie solle es mit der Selbstquälerei nicht übertreiben, sie möge auf ihre Gesundheit achten und nicht ihr Essen und ihre Kleidung verschenken.

Elisabeth kannte ihren Mann sehr gut. Sie wusste um seinen tiefen Glauben. Für ihn war der Schutz der Bedürftigen eine der ersten fürstlichen Pflichten. Sie wusste auch, dass er seiner Mutter achtungsvoll und, wie es einem Sohn geziemt, auch liebevoll begegnete. Sie war sich bewusst, dass ihr Mann die Abneigung der Mutter ihr gegenüber kannte und er bemüht war, die Streitereien zu schlichten. Und letztendlich war Elisabeth auch klar, dass Thüringen kein reiches Land war, um unbegrenzt Almosen verschenken zu können.

Deshalb versuchte die junge Fürstin die Schenkungen vor ihrem Mann zu verheimlichen, obwohl sie wusste, Ludwig hatte nichts dagegen, wenn sie sich um die Armen kümmerte.

Eines Tages war Elisabeth, beladen mit einer großen Menge an Almosen, wieder einmal zu Fuß unterwegs nach Eisenach, um die Bedürftigen zu versorgen. Unterwegs begegnete sie ihrem Mann, der auf dem Heimweg war.

„Was hast du unter deinem Mantel, meine Liebste?“, fragte er sie behutsam.

Elisabeth war verlegen und antwortete nicht ganz wahrheitsgemäß:

„Blumen trage ich mit mir.“

„Zeige sie mir!“, verlangte der Fürst und streckte seine Hand nach ihrem Mantel, unter dem sie die Geschenke versteckte.

Elisabeth öffnete ihren Mantel weit auf. Ludwig konnte nicht fassen, was er da sah. Anstatt der milden Gaben waren unter dem Mantel fürwahr wunderschöne rote und weiße Rosen zu sehen.

„Du bist eine Heilige!“, stieß der Fürst hervor, als er seiner Gemahlin nachschaute, die weiter ihres Weges ging. Seit er dieses Wunder gesehen hatte, störte Ludwig sich nie wieder an Elisabeths Wohltätigkeit. Er hörte nicht mehr zu, wenn die Fürstin Sophia und die Hofgesellschaft über seine Frau schlecht redeten.

Dann passierte erneut etwas, was den jungen Fürsten ins Staunen versetzte und seine Achtung vor Elisabeths wahrhaftigem Leben noch verstärkte. Im Land verbreiteten sich Seuchen, unter ihnen auch die am meisten tödliche und schreckliche – die Lepra. In ganz Thüringen kostete sie viele Tote. Diese furchteinflößende Krankheit, die sich ins lebendige Fleisch frisst, damit es langsam und sicher zerfällt, hatten Kreuzritter nach Europa gebracht. Gegen das Leiden gab es keine Medizin, und alle fürchteten sich vor dieser Geißel der Menschheit.

In der Nähe von Naumburg traf die junge Fürstin auf einen jungen Mann, dessen Körper von der Krankheit bereits stark befallen war. Auf seinem Gesicht und Teilen seines Körpers zeigten sich schon offene Wunden. Die Krankheit hat sein Aussehen vollkommen entstellt; jeder, der ihn sah, wandte sich angewidert ab. Elisabeth nahm den Unglücklichen unter ihre Obhut. Sie reinigte seine schlimmen Wunden, rieb die Stellen mit einer angenehm riechenden Salbe ein und nahm ihn mit auf die Wartburg. Weil sie auf der Burg keine geeignete Schlafstätte für ihn fand, ließ sie den kranken jungen Mann im Bett ihres Mannes ausruhen.

Die Fürstin Sophia war außer sich vor Wut. Als Ludwig nach Hause kam, rief sie ihn sofort zu sich und führte ihn in den Schlafraum, wo Elisabeth leise betete.

„Schau", sagte sie erbost, „deine Elisabeth hat einen Leprakranken in dein Bett gelegt. Sie will wohl, dass du dich mit der Krankheit ansteckst!"

Elisabeth zitterte vor Angst.

Ludwig öffnete den Bettvorhang. Ihm stockte der Atem. Anstatt des Leprakranken lag im Bett Jesus mit der Dornenkrone auf dem Haupt. „Oh, Jesus!", rief er aus. Glücklich und überwältigt fiel er auf die Knie. Elisabeth tat ihm gleich. Mitten im Zimmer stand wie zu Stein erstarrt die Fürstin Sophia.

*

Nach dem frommen Gebet sprach der Fürst:

„Meine liebe Frau, solch einen Gast darfst du in mein Bett legen, und niemand darf etwas dagegen haben!"

Elisabeth war sehr froh, dass durch Gottes Güte Ludwigs Augen im Bett den Heiland liegen sahen und nicht den kranken jungen Mann. Sie nutzte die Gelegenheit und wandte sich an ihren Ehegatten:

„Mein lieber Mann! Im Namen Jesu bitte ich dich aus ganzem Herzen, erfülle mir meinen lang gehegten Wunsch."

„Nach was verlangt es dich?"

„Im ganzen Land gibt es viele Kranke. Alle kann ich nicht besuchen. Keiner kümmert sich um die Armen und es gibt keinen Ort, wo sie hinkönnten."

„Aber hier hoch auf die Burg können wir nicht alle bringen", erwiderte der Fürst besorgt.

„Auf die Wartburg nicht, aber am Fuße des Berges in Eisenach, da könnten wir ein Hospital bauen. Dort würden die Kranken Zuflucht finden."

„Hospital?"

„Ja, und gemeinsam mit Guda und Isentrud würde ich die Leidenden pflegen."

Ludwig umarmte seine Frau sanft.

„Wie du wünschst, so soll es sein", meinte er tief bewegt und leitete alles in die Wege, damit das Krankenhaus so schnell wie möglich gebaut wurde. Als das Haus stand, sammelte Elisabeth alle Kranken aus der Umgebung und verbrachte von da an viel Zeit im Armenhaus und Hospital.

Elisabeth war voll des Erbarmens für die Bedürftigen und die Kranken. Sie brachte ihnen viel Zuwendung entgegen und war immer seltener auf den prunkvollen Burgfesten zu sehen. Bei den Besuchen der Kirche oder anderer Zeremonien, die sie in Begleitung des Hofstaates und ihres Mannes machte, legte sie auf den ausdrücklichen Wunsch ihres Mannes Fürstenschmuck an. Dabei brannte die schöne Fürstenkrone wie Feuer auf ihrem Kopf, die seidene und samtene Robe war ihr eine schwere, fremde Last. Sie konnte es kaum erwarten, die Pracht einer Fürstin abzulegen und Kleider einfacher Frauen anzuziehen, in denen sie dann ihre mildtätigen Arbeiten verrichtete. Am Hofe ging sie genauso angezogen und trug ein aus Leinen gefertigtes Tuch um ihren Kopf. Sie besuchte Kirchen in Eisenach und vertiefte sich in inniges Beten. Wenn sie an Prozessionen oder Wallfahrten teilnahm, so mischte sie sich gerne unter das Volk und wollte nicht erkannt werden, was ihr nicht gelang. Es waren nicht allein ihre äußere Schönheit und königliche Statur, die Aufmerksamkeit erregten, sondern auch und vor allem ihre wahrhaftige Gottergebenheit. Die Menge der gläubigen Wallfahrer flüsterte:

„Schaut hin! Dort kniet die Fürstin. Sie ist wie eine Heilige!“

Und je weiter sich die Kunde über ihre Güte verbreitete, umso demütiger wurde Elisabeth.

In der Karwoche verstärkte sie noch ihre Demut und ihren Gehorsam. Damit sie die Leiden Jesu nachempfinden konnte, tat sie Buße, vertiefte ihre Selbstverleugnung und fastete. In ihrer Gläubigkeit und Liebe vollzog sie die Fußwaschungszeremonie.

Geistig gereinigt, empfing sie die Sakramente. Sie befolgte die österliche Vigil am Karsamstag und betete die ganze Nacht. Als der Morgen am Ostersonntag die umliegenden Hügel in den Purpur der aufgehenden Sonne tauchte, sang sie hingebungsvoll das Halleluja.

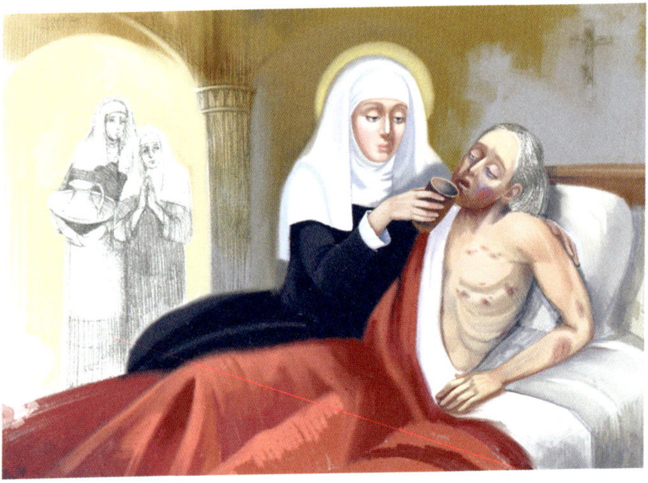

Elisabeth im einfachen Leinengewand pflegt die Kranken. Weder der Blick auf tiefe Wunden oder Geschwüre noch auf eitrige Abszesse kann sie schrecken.

7.

Glücklich ist der, der nichts besitzt,
plagt ihn der Körper nicht, nicht Ruhm,
der Glitzer nicht.
Das Irdische stellt er in Frage,
sein Körper ruhig schläft im Sarge,
seine Seele bricht los, sie eilt
den Himmel empor in die Ewigkeit.

Ave, Monte Alverna! Von diesem Berg aus verbreitete sich in ganz Europa der Leitspruch der „radikalen Armut“ des Franz von Assisi (Il Poverello).[2] Gedacht als Gegensatz zur irdischen Lust, dem Vergnügen und der überladenen Extravaganz. Die große Anziehungskraft sowie der große Charme des Franz von Assisi eroberten mit ihrer wunderbaren Kraft die Herzen der Menschen. Er vermochte den im Mittelalter fast schon in Schlaf versunkenen christlichen Glauben zu neuem Leben zu erwecken. Mächtige Adelige, reiche Bürger, Rechtsgelehrte und auch das einfache Volk schlossen sich seinem Weg

[2] Il Poverello = kommt von il povero, der Arme. Gemeint ist der heilige Franz von Assisi. (Anm. der Übersetzerin)

der Armut an. Ganz gebannt hörten sie der Musik des Franziskus von Assisi zu. Die Melodie, die er auf seiner Geige spielte, erzählte von der Armut und von den Evangelien, in denen die Demut die Lebensmaxime ist. Seine Lieder waren ein Lobpreis auf Jesus von Nazareth.

Ave Wartburg! Auf dieser deutschen Burg verwirklichte die aus ungarischer Königsfamilie stammende junge Fürstin und Mutter das Programm des Il Poverello bereits bevor sie seine Melodien hörte.

Franz von Assisi und Elisabeth von Ungarn, zwei Fackeln des Christentums, deren Licht alle folgenden Jahrhunderte erhellte.

Eines Tages kamen drei Ordensbrüder, eingehüllt in ihr Habit, nach Thüringen, um die junge Fürstin zu besuchen. Das waren: Cäsarius von Speyer, Hartmut und Rodeger, ein Laienbruder der Franziskaner. Für Elisabeth waren sie Fremde, und die Kleidungsstücke, die sie trugen, hatten die Thüringer vorher noch nie gesehen. Das Habit der Männer bestand aus einem groben Gewand mit Kapuze, und um die Taille hatten sie einen Strick gebunden. Die drei kamen barfuß. Es waren die ersten Franziskaner auf der Wartburg.

Die junge Fürstin empfing sie herzlich. Aus deren Munde hörte sie das erste Mal den Namen Franz von Assisi; sie erfuhr, dass er der Sohn eines reichen Tuchhändlers war und als solcher seine prächtige Ritterkleidung ablegte, um sein Hab und Gut an die Armen zu verschenken. Er solle die Sünder zu neuem, barmherzigem Leben geführt haben. Elisabeth hörte mit steigendem Interesse zu, und dabei überkam sie eine tiefe, herzerwärmende Liebe. Sie erfuhr, dass über den Alpen, im warmen Süden, wo in blühenden Tälern Pomeranzen wachsen, dort in Italien ein Glücklicher wohne. Seine Seele gliche der ihren, denn beide wollen sie ein Leben in Liebe zu den Bedürftigen, in Demut und Armut verbringen. Die Fürstin ordnete sofort an, die Kirchenpforten für die einfachen, gottergebenen Franziskaner zu öffnen. In ihrem Sinne war es auch, die Bevölkerung von Thüringen mit den Glaubenssätzen des großen Franz von Assisi vertraut zu machen. Die ortsansässigen Pfarrer luden gerne die Franziskaner zum Predigen in ihre Kirchen ein. Damit trugen sie dazu bei, dass sich die Lehre der Minderbrüder, wie sie sich nannten, schnell in Thüringen verbreitete.

Die Predigten der Franziskaner hatten bald eine Wirkung gezeigt. Die Verdorbenheit des Zeitalters wurde verbannt und das fromme Leben in Europa gänzlich erneuert. So etwas hätte sich vorher keiner vorstellen können.

In Franz von Assisi fand Elisabeth ihren Seelenverwandten. Den Bruder Rodeger wählte sie zu ihrem Beichtvater und überredete ihren Mann, in Eisenach ein Franziskanerkloster zu errichten. Neben der Herberge für die Armen und dem Hospital war das Ordensstift Elisabeths drittes Werk. Von dort aus sollte sich der Gedanke des Erbarmens, des Mitleids und des Verständnisses in der Welt verbreiten. Und siehe da, die Botschaften der Minderbrüder trugen bald Früchte.

Während Elisabeth mit Hilfe der Hofdamen die Kutten für die Franziskanermönche webte, verbreiteten diese erfolgreich die Lehre von absoluter Armut, Demut und Gehorsam. Die Leute strömten in Scharen herbei. Männer und Frauen, die vorher ein ausschweifendes und maßloses Leben geführt hatten, entschieden sich für das Leben in Armut, Gehorsam und in Keuschheit.

„Die ganze Welt wird dem Orden der Franziskaner beitreten", stieß eine der Hofdamen hervor. In diesem Seufzer lag ein Stück Wahrheit. In Italien, Frankreich und Deutschland fand die Lehre der Franziskaner überwältigenden Zuspruch. Eine große Anzahl von Bußwilligen wollte in die Klöster eintreten. Bald musste überlegt werden, wie der Zustrom gestoppt oder mindestens verringert werden könnte.

„Dafür haben wir eine Lösung", sagte Bruder Rodeger. Dann erläuterte er es näher: „Die Verheirateten, die bereits das Sakrament der Ehe erhalten haben, und solche, deren Lebensweise es nicht zulässt, in das Kloster einzutreten, können sich dem franziskanischen Dritten Orden anschließen. Sie müssen den Weg des Franziskus gehen und ein Leben in Armut, Gehorsam und Keuschheit führen und Arbeit an Aussätzigen verrichten. Der Gründer der Ordensgemeinschaft bestimmt dann die Regeln." Elisabeth kamen diese Regeln entgegen. Nach den meisten lebte sie bereits, und so bat sie ihren Mann, in den Dritten Orden eintreten zu dürfen. Sie war die Erste in Deutschland überhaupt, die sich der Drittordensgemeinschaft anschloss. Wie bereits erwähnt, konnte sie nicht allen Regeln folgen, denn sie war bereits Ehefrau und Mutter. Auch die Kutte der Franziskaner konnte sie als Fürstin nicht tragen.

Die Ordensbrüder, die nach Italien reisten, berichteten Franz von Assisi von der wundersamen geistigen Größe der Fürstin von Thüringen, sprachen über ihr gottesfürchtiges Leben und ihre Zuneigung den Franziskanern gegenüber. Dieses Loblied auf Elisabeth hörte Franz von Assisi gern. Dem Förderer seines Ordens, dem Kardinal Ugolino del Conti di Segni und späteren Papst Gregor IX., erzählte Franziskus von seiner großen Anhängerin, der deutschen Fürstin, die nach seinen Lehren lebte. Der Kardinal riet Franziskus, Elisabeth ein Geschenk zu senden.

„Schicke deiner großen Seelenverwandten“, sagte der Kardinal, „ein Geschenk, das bedeutungsgleich einem Erbstück ist. Ein Geschenk, wie es Elia einst seinem liebsten Schüler Elisa hinterlassen hatte!“[3]

Franziskus gehorchte. Er schickte Elisabeth seinen einfachen Mantel zur Erinnerung. Dem Geschenk legte er einen Brief bei. In diesem äußerte er seine Freude über Elisabeths enge Verbundenheit mit Gott, weil diese den Armen zugutekäme.

Elisabeths Freude über das Geschenk war unermesslich groß. Ihr Leben lang hütete sie es wie eine Reliquie. Die Lehre der Franziskaner ermutigte Elisabeth, weiter die Armen zu lieben, ihre Demut zu vergrößern und noch mehr wohltätige Arbeit zu tun. Das spiegelte

[3] 2 Kön 2 14

sich in ihren nächsten Taten wider. Fürst Ludwig war eine Zeit lang abwesend. In der Nähe der Burg Königswalde griffen die Polen seine Untertanen an und führten dort Raubzüge durch. Der Fürst versuchte, die Streitigkeiten friedlich beizulegen, doch gelang ihm das nicht. Deshalb entschied er sich, mit seinem Heer einen Feldzug gegen Polen zu starten.

Während dieser Zeit traf Thüringen ein neuer schwerer Schlag. Die ansteckenden Krankheiten wurden weniger, doch die Menschen waren erschöpft und geschwächt. Die widrigen Wetterverhältnisse sorgten für eine schlechte Ernte und eine Hungersnot brach aus, die viele Menschenleben kostete.

Während der Abwesenheit ihres Mannes tat Elisabeth alles, um den Nahrungsmittelmangel zu bekämpfen. Dabei vollbrachte sie richtige Heldentaten.

Das Hospital, das sie zuerst errichtet hatte, war nicht groß genug, um alle Kranken aufzunehmen, deshalb entschied sich Elisabeth, noch zwei weitere zu bauen. Eines sollte am Fuße der Wartburg stehen und eines in Eisenach. Auch der Aufbau einer Herberge für die Schutzlosen war ihr Werk. Unter ihrer Leitung entstanden viele Unterkünfte zum Wohlergehen der Menschen und zur Milderung der Not. Das waren nicht bloß Häuser, gebaut aus kaltem Stein, in denen lediglich Medikamente verabreicht wurden. Nein, diesen Räumen wohnte der Geist des Christentums inne, der mentales Wachstum und aufrichtiges Mitgefühl verbreitete. Und Elisabeth, diese junge Fürstin und Mutter, wanderte wie ein Engel des Erbarmens und ohne auffallen zu wollen von einem Hospital zum anderen. Sie rauschte nicht in feiner Begleitung und im fürstlichen Glanz durch die Krankenhausräume, sondern erledigte wie eine Dienerin, eingehüllt in ein einfachstes Leinenkleid, die Arbeit, die an dem Tag als erste anstand. Sie trat zu jedem Einzelnen ans Bett, pflegte, versorgte, reinigte alle Kranken, auch solche, vor deren schrecklichen Wunden, Geschwüren, Abszessen jede noch so versierte Pflegerin zurückschrecken würde. Für die schwer Erkrankten, die von höllischen Schmerzen geplagt wurden, fand Elisabeth immer wohltuende Worte des Trostes. Durch ihre Arbeit lernte sie immer mehr auf dem Gebiet der Pflege und der Seelsorge dazu. Ihre zarte, schwächliche, zerbrechliche Natur ließ sie erschrecken beim Anblick der grauenvollen Wunden, doch sie schöpfte die Kraft aus den Leiden Jesu.

Durch ihre Fürsorge sammelten sich täglich an die zweihundert Bedürftige rund um die Wartburg. Die junge Fürstin verteilte an alle Almosen und hatte für jeden Leidenden ein tröstendes Wort bereit. Die Trostworte waren wie Balsam für die Seele der Bedürftigen. Mit der Zeit leerte sich der Getreidespeicher der Wartburg. Die letzten Getreidekörner ließ Elisabeth mahlen, um daraus Brot zu backen. So konnte jeder Arme mit der Menge an Nahrung versorgt werden, die er brauchte, um sich und seine Familie durch schlechte Zeiten zu bringen. Als das Getreide aufgebraucht war, bediente Elisabeth sich aus der fürstlichen Kasse. Und als diese leer war, griff sie, ohne zu zögern, auch nach der Staatskasse. Denn es ging ja um die Notleidenden. Das Vermögen ermöglichte es Elisabeth, über eine längere Zeit ihre guten Taten zu finanzieren. Als dann die beiden Kassen leer waren, bediente sie sich der Schätze und der Kostbarkeiten. Elisabeth verkaufte ihren ganzen Schmuck, die goldenen und silbernen Gefäße, Juwelen sowie die mit goldenen Fäden durchwebten feinen, seidenen und samtenen Kleider. Das alles nur, um den Bedürftigen zu helfen.

Und als sie alles ausgeschöpft hatte, trennte sie sich auch von ihrer silbernen Wiege. Das fiel ihr schwer, war die Wiege doch ein Stück Erinnerung an ihr geliebtes Ungarn.

„Sie ist der wahrhaftige Schutzengel der Waisen." Diese Worte gingen durch ganz Thüringen. Wann immer der Name Elisabeth fiel, nickten die Blumen anerkennend mit ihren Köpfchen. Aber der größte Teil des Hofstaats, allen voran die Fürstin Sophia, die in ihrer Macht beschnitten wurden, schauten hasserfüllt auf die junge Fürstin. Es gefiel ihnen nicht, dass die Welt Elisabeth als beispielloses Vorbild lobpreiste. Als in Thüringen die Harfe erklang, die Elisabeths Gloria besang, meldeten sich am Hofe vereinzelt Stimmen:

„Sie ist verrückt geworden!"

Als die Nachricht eintraf, dass Fürst Ludwig mit seinem Heer auf dem Heimweg von Polen sei, erwarteten ihn die Höflinge, geleitet von Burgvogt, entmutigt vor den Toren der Burg. Sogleich berichteten sie dem Fürsten, was in seiner Abwesenheit alles passiert war. Sie erzählten ihm von der Verschwendungswut der jungen

Fürstin. Ludwig entging nicht, wie heuchlerisch ihre Seelen waren, er sah ihre Falschheit, ihre Doppelzüngigkeit, und antwortete eher heiter:

„Lasst meine Frau in Ruhe! Sie mag den armen Aussätzigen so viel Gutes tun, wie sie nur kann. Niemand darf sie in ihrer Wohltätigkeit behindern!“

„Ich danke dir, mein lieber Mann! Denn Gott gab ich, was Gottes ist. Und er gab uns das, was wir brauchen. Es wird uns an nichts mangeln.“

Liebevoll begleitete sie ihren Ehegatten auf das Schloss und führte ihn zu den Kindern, die er so lange nicht gesehen hatte. Trotz seiner großen Sorgen nahm er sich Zeit, um die Kinder zu herzen.

Elisabeth war überglücklich, weil sie auch weiterhin unbegrenzt für die Armen und Kranken sorgen durfte. Dafür war sie ihrem Mann von ganzem Herzen dankbar und tat alles, um ihm fügsam zu sein. Ihm zuliebe und um ihm zu gefallen, nahm sie manchmal an Burgfestivitäten teil, und gelegentlich tanzte sie sogar. Auf diese Weise erfüllte sie ihre Pflichten als Fürstin. Den ausgelassenen Festen folgten ihre Selbstverleugnung und Selbstaufopferung, mit denen sie versuchte, die kleinste Regung einer körperlichen Freude zu unterdrücken. Eines Tages wurde sie nachlässig und gab ein klein wenig ihren Gefühlen nach. Vielleicht weil sie ihren Mann so lange nicht gesehen hatte, oder aus Dankbarkeit, weil er ihr erlaubte, weiterhin wohltätige Dienste an Notleidenden zu tun. Während der heiligen Messe war sie zerstreut und unkonzentriert. Anstatt innig zu beten, beobachtete sie lange das schöne, junge Gesicht ihres Mannes, der neben ihr kniete, und bewunderte sein langes blondes Haar, das ihm in formvollendeten Wellen auf die Schulter fiel. Lange Zeit genoss sie diesen Anblick. Als der Priester die Hostie hob, schaute sie hin und erblickte darin die Gestalt Jesu. Neben der Erscheinung sah sie die fünf Tropfen Blut, das Zeichen der fünf Wunden Christi. Sofort war ihr klar, dass sie mit ihrem Verhalten den Schöpfer beleidigt hatte, denn sie war während des Empfangens des Allerheiligsten mit eitlen und weltlichen Gedanken abgelenkt gewesen. Sie wusste um ihre Schuld, und sie versuchte die Tränen, die ihr in den Augen standen, zu verstecken. Nach der Messe ging sie nicht mit ihrem Mann zur Burg zurück, sondern blieb allein in der Kapelle und tat Buße für ihre Nachlässigkeit. Es war bereits Mittag, als ihr Mann kam, um sie zu holen.

„Wo bleibst du, meine Liebe? Wir haben Gäste“, sagte er sanft. Elisabeth erzählte Ludwig, wie zerstreut sie bei der heiligen Messe gewesen war. Dieser erwiderte nur: „Glauben wir an Gottes Güte! Auch ich werde mit dir beten, damit dir verziehen wird!“

Für diesen Ausrutscher büßte Elisabeth noch lange Zeit. Mit immer strengerer Selbstverleugnung versuchte sie ihre irdischen Gefühle zu unterdrücken. Ihr neuer Beichtvater, der Priester, Magister und spätere Inquisitor Konrad von Marburg, bestärkte sie zusätzlich in ihrem tiefen Glauben. Ihr voriger Beichtvater, Bruder Rodeger, wurde zum Guardian des Franziskanerklosters in Halberstadt berufen.

Konrad von Marburg wurde von Papst Innozenz II. beauftragt, die deutschen Fürsten für die Kreuzzüge zu gewinnen. Außerdem sollte er den christlichen Glauben verbreiten und Krieg gegen Ketzer führen. Er hatte viele Fähigkeiten, die er sich an der Universität in Paris angeeignet hatte, und als Prediger wurde er bald in ganz Europa bekannt. Er selbst lebte nach strengen Regeln und verlangte eine solche Lebensweise auch von denen, die ihn zu ihrem geistlichen Führer gewählt hatten. Er war fürwahr ein ehrenhafter Mann, doch kannte er als Ketzerrichter keine Gnade. Wenn es sein musste, ging er auch gegen Grafen, Bischöfe und Fürsten vor. Einen kirchlichen Stand oder einen Reichtum strebte er nie an. Hatte er sich entschlossen, jemanden zu richten, dann konnten ihn weder Versprechen noch Drohungen von seinem Entschluss abbringen. Seinen Zeitgenossen zufolge war er ein grausamer Verfolger und Angst verbreitender, unermüdlicher Häscher der Inquisition. Er war der Inbegriff der Askese und verfolgte rigoros und unerbittlich jedwede Abweichung vom christlichen Glauben und jede kleinste Bosheit. Deshalb verneigten sich die Leute demütig vor ihm, reichten ihm die Hand, doch im Grunde hassten sie ihn. In Angst und Schrecken rannten sie vor ihm weg.

Als Inquisition (lateinisch *inquisitio* ‚Untersuchung') werden ein juristisches Prozessverfahren (Inquisitionsverfahren) sowie damit arbeitende Institutionen bezeichnet, die im Spätmittelalter und der Frühen Neuzeit zur Bekämpfung von Häresie dienten. Ursprünglich wurde die Inquisition seitens der katholischen Kirche organisiert, in

Elisabeth, die Fürstin von Thüringen, die bereits in strenger Selbstverleugnung lebte, fiel in die Hände dieses harten und erbarmungslosen Ketzerrichters. Die frommen Neigungen der jungen Adeligen trieb der Inquisitor ins unermessliche, und er besaß eine uneingeschränkte Macht über sie.

Die Ehre, Elisabeths Beichtvater zu sein, nahm der berühmte Asket nur unter der Auflage des bedingungslosen Gehorsams an. Dazu erlegte er ihr noch eine Zwangsverpflichtung auf: Sollte sie zufällig Witwe werden, dürfe sie nicht wieder heiraten. Ein einfaches Versprechen reichte ihm nicht, Elisabeth musste in der St.-Katharinen-Kirche in Eisenach ein Gelübde darüber ablegen.

Damals war sie achtzehn Jahre alt.

---

der Frühen Neuzeit änderte sich die Gestalt der Inquisition: Sie wurde in Spanien, Italien und Portugal institutionalisiert, in staatliche Strukturen eingebettet und kam seither fast nur noch im Machtbereich der dortigen Herrscher zur Anwendung.

Verfolgungen ausgesetzt sahen sich hauptsächlich als häretisch eingestufte christliche Glaubensgemeinschaften, die Inquisition verfolgte aber auch weitere Verbrechen, sofern sie den Glauben berührten, z. B. Wucher, Magie und Hexerei. Ein Sinneswandel der katholischen Kirche wurde auf dem Zweiten Vatikanischen Konzil (1962–1965) erkennbar, dort bekannte sich die katholische Kirche zur Religions- und Gewissensfreiheit. 1998 öffnete der Vatikan die Archive der römischen Inquisition. Tausende von Inquisitionsakten aus vielen Jahrhunderten brachten fortan viele Erkenntnisse über ein dunkles Kapitel der katholischen Kirche ans Licht. Am ersten Fastensonntag des Jahres 2000 gestand Papst Johannes Paul II. als erster Papst öffentlich Irrtümer und Fehlverhalten der katholischen Kirche ein. Er sagte, die Kirche habe bisweilen Methoden der Intoleranz zugelassen – damit meinte er die Verfolgung Andersgläubiger, Zwangsbekehrung, Folter und Inquisition. (Anm. der Redaktion)

Der neue Beichtvater übernahm danach mit Freude die geistliche Führung der Fürstin. Dabei war ihm wenig bewusst, dass er es mit der Herrscherin des Landes Thüringen zu tun hatte. In ihr sah er eine einfache, christlich gläubige Frau, die sich allem Weltlichen wird entsagen müssen. Das war das Ziel seiner Züchtigung, und zur Erreichung dieses war ihm jedes Mittel recht.

Als Erstes setzte er zwölf Regeln zusammen, nach denen sich die junge Fürstin zu richten hatte. Erstens: Nimm gefasst die Verachtung der freiwilligen Armut an; zweitens: Gib dich der Gottergebenheit hin; drittens: Lass dich nicht im Diesseits trösten und entsage dich der irdischen Gelüste; viertens: Sei barmherzig zu jedem Einzelnen; fünftens: In deinem Herzen soll immer Gott herrschen und bete immer zu ihm; sechstens: Danke jederzeit Gott, weil er dich vor der Hölle und dem ewigen Tod bewahrt; siebtens: Trage geduldig dein Kreuz, denn Jesus litt für dich; achtens: Widme dich ganz Gott mit deinem Körper und deiner Seele; neuntens: Denke daran, du bist von Gottes Hand erschaffen, deshalb strebe dazu, dich mit Gott zu vereinen, um in Ewigkeit zu leben; zehntens: Vergib deinem Nächsten, wie du auch wünschst, dass dir vergeben wird, und tue deinem nächsten, was du wünschst, dass auch dir getan wird; elftens: Denke immer daran, das irdische Leben ist kurz und es sterben die Jungen genauso wie die Alten; zwölftens: Bereue immer deine Sünden und bitte Gott, dir zu verzeihen.

Die junge Fürstin nahm die Anweisungen an und war bemüht, sie ihr Leben lang zu befolgen.

Der strenge Beichtvater gab sich längst nicht nur mit diesen zwölf Regeln zufrieden. Er bürdete der Büßerin noch zusätzliche Gebote auf. Darunter das Speisegebot, das Elisabeth nur schwer befolgen konnte. Konrad forderte sie auf, keine Speisen zu essen, die aus unrechtmäßigem Besitz stammten. Damit war das Essen gemeint, das mit dem Geld aus erpressten Abgaben und Eintreibungen des Fürsten Hermann, des Vater ihres Mannes, bezahlt wurde. Auch sollte sie nichts zu sich nehmen, was mit dem Geld gekauft wurde, das aus dem vom Fürst Hermann beschlagnahmten kirchlichen Besitz stammte. Dieses Verbot hatte zur Folge, dass Elisabeth ihr Leben lang fastete. Sie war sehr feinfühlig und hatte immer Angst, das zu essen, was aus den rechtswidrig gewonnenen Mitteln bezahlt wurde. Um ein ruhiges Gewissen zu haben, aß sie trockenes Brot. Einige Hofdamen folgten ihrem Vorbild. Obwohl Fürst Ludwig sich bemühte, die Einnahmen, die sein Vater erbeutet hatte, der Kirche zurückzugeben, beharrte der strenge Beichtvater auf seinen Forderungen. Elisabeth ächzte unter dem schweren Joch, das ihr auferlegt wurde und das sie kaum noch tragen konnte. Nur eine selbstaufopfernde Seele wie Elisabeth es war, konnte diese Last so heldenhaft ertragen.

Mit aller Macht versuchte Konrad Elisabeth dem irdischen Leben zu entreißen und sie auf das Podest der Vollkommenheit zu hieven. Mit welcher Rauheit er vorging, zeigt uns folgendes Beispiel:

Elisabeth sagte ihrem Beichtvater zu, zu seiner Predigt in die Kapelle zu kommen. Just zu der Zeit kam unerwartet ihre Schwägerin auf die Wartburg zu Besuch. Elisabeth wollte die Gräfin von Meißen nicht zur Fürstin Sophia schicken und gleichzeitig wollte sie diese auch nicht alleine lassen. Deshalb fehlte sie bei Konrads Predigt. Der Beichtvater war erbost, weil Elisabeth ihm den Gehorsam verweigert hatte. Er ließ ihr ausrichten, sie möge sich nach einem anderen geistlichen Lehrer umschauen, er wolle sich mit ihr nicht mehr abgeben. Doch Elisabeth war ihm hörig genug, um zu ihm zu gehen, ihm zu erklären, was passiert war und um Verzeihung zu bitten. Konrad blieb stur bei seinem „Nein". Er kam ihr erst entgegen, nachdem Elisabeth vor ihm kniend versprach, ihm ab sofort immer gehorsam zu sein. Konrad verzieh Elisabeth, und als Buße für ihr Vergehen ließ er ihre zwei geliebten Hofdamen bis aufs Blut auspeitschen, weil er meinte, sie seien schuld an Elisabeths Ungehorsam. Das war eine schwere Strafe für die junge Fürstin, die bei der Bestrafung ihrer treuen Freundinnen fühlte, als ob sie selbst die Peitschenhiebe bekäme. Dabei waren die zwei jungen Hofdamen unschuldig, und genau das tat Elisabeth weh. Der unerbittliche Richter meinte es sicher gut, als er versuchte, Elisabeth zu einer Heldin der göttlichen Ergebenheit zu machen. Gewiss ist aber auch, er hätte die zarte und großzügige junge Frau auf eine andere, freundlichere Art für sich gewinnen können.

Elisabeth begehrte nie auf gegen die strengen und unerbittlichen Gebote ihres Beichtvaters. Sie dankte Gott, dass sie sich vor ihm erniedrigen und vor ihm knien durfte.

Die Tochter des mächtigen ungarischen Königs, die ihre früheste Kindheit in sonnigen Schlossgärten von Bratislava verbringen durfte, lebte nun ihr junges Leben unter dem rauen deutschen Klima. Ihr Dasein bestimmten die straffen Regeln eines unbarmherzigen Inquisitors, und auf ihrem Weg zur Heiligen betete sie, eingehüllt in Weihrauch, in vielen dunklen Kirchen.

Lebe wohl du Schloss von Bratislava!

Öffnet euch und blüht, ihr fernen, bunten ungarischen Blumen.

Die Fürstin von Thüringen nimmt Abschied. Für immer!

Fürst Ludwig bricht zum „Heiligen Krieg" auf. Die ganze Familie weint. Auch Ludwig selbst kann seine Tränen nicht zurückhalten.

8.

Wenn die Welt von der Sonne durchflutet wird, dann schlägt das Herz eines jeden schneller und in den Menschen erwacht der Wunsch nach großen Taten. Ein reinigender Orkan, entstanden in Assisi, fegte damals durch Europa, den die Stimmen der Franziskaner laut wie die Glocken verkündeten:

„Wir rufen den Heiligen Krieg aus! Jesu Grab muss befreit werden von dem heidnischen Halbmond."

Die bisherigen Kreuzzüge hatten keine großen Erfolge gebracht, wenn auch viele europäische Völker, unter anderem auch die Ungarn unter der Führung von Andreas II., in tiefster Gottergebenheit das Blut im Heiligen Land vergossen hatten. Dieses Mal steckte Papst Gregor IX. das Rote Kreuz auf die Brust von Kaiser Friedrich II., und bald war ein Heer bereit, nach Palästina aufzubrechen. Der Kaiser rief die deutschen Fürsten zur Beteiligung an dem Krieg auf, und der junge Ludwig war unter den ersten, die sich den Reihen der Kämpfer anschlossen.[4]

[4] „Kreuzzüge kannst du nicht verstehen, wenn du nicht weißt, was vorher passiert ist", so lautete die Überschrift des Artikels von Alojz Rebula, veröffentlicht in der Zeitschrift „Družina" 58 von 18. Oktober

Konrad II., Bischof von Hildesheim, überreichte das Rote Kreuz dem Fürsten von Thüringen und besprach mit ihm die Vorbereitung für den Kreuzzug. Elisabeth erwartete ein Kind und Ludwig hatte nicht den Mut, der werdenden Mutter zu erzählen, dass er sich auf einen langen Marsch vorbereitet, doch das Geheimnis kam schnell heraus.

Es war Abend und das junge Paar saß zusammen im friedlichen Miteinander. Elisabeth kramte in dem Beutel, in dem Ludwig seine Wertsachen aufbewahrte. Unter all den Dingen, die dort drin waren, fand sie auch das aus dem Tuch gewebte Rote Kreuz.

Sofort wusste sie, was das bedeutete.

Es überkam sie eine solche Ohnmacht und Angst, dass sie in sich zusammengesunken wäre, hätte ihr Mann sie nicht aufgefangen. Die noch so tröstenden Worte ihres Ehegatten vermochten ihre große Sorge nicht von ihr zu nehmen. Sie beschwor Ludwig, sich nicht am Kreuzzug zu beteiligen und nicht in das Heilige Land zu reisen.

2009). Unter anderem schrieb er: „In einem blitzschnellen und gewalttätigen Feldzug besetzten, verwüsteten und versklavten Islamiten viele christliche Länder: Anatolien, Nordafrika und Spanien. 846 kam es zu der ersten großen Verwüstung Roms. Nicht weniger aggressiv waren die Muslime im Nahen Osten. 938 nahmen sie Jerusalem ein, am Palmsonntag 938 überfielen sie die Prozession. Es gab viele Tote und Verwundete. 966 töteten und verbrannten sie den Patriarchen und verwüsteten die Grabesstätte Jesu. Fazit: Die Kreuzzüge kannst du nicht verstehen, wenn du nicht verstehst, was davor passiert ist. Davor lag 400-jährige islamische Aggression, die nach der Eroberung Zentralasiens und Afrikas als Endziel die Eroberung des verhassten christlichen Europas hatte.“ (Anm. der Redaktion)

„Ist es nicht Gottes Wille, so bleibe bei mir", bat sie ihn leise.

Als der junge Fürst sich auf seine christlichen Fürsten- und Ritterpflichten und das Versprechen berief, das er dem Kaiser gegeben hatte, beruhigte sie sich langsam.

„Also geh in Gottes Namen", sagte Elisabeth genügsam, „dem Befehl Gottes sollst du folgen, ich will dich in diesem Fall nicht zwingen, hier zu bleiben. Gottes Güte und seine Gnade werden uns vor jeglicher Gefahr schützen."

Sie blieben noch lange zusammen und waren in ein vertrautes Gespräch vertieft. Sie beschlossen gemeinsam, das Kind, das bald geboren würde, egal ob Mädchen oder Junge, das sollte Gott dienen.

Der Fürst musste sein Vorhaben nicht mehr geheim halten, und so rief er im ganzen Thüringer Land zum Heiligen Krieg auf. Er forderte alle Barone und christlichen Ritter auf, sich mit ihren Heeren in Creuzburg einzufinden. Von dort aus sollte es gemeinsam nach Schmalkalden und dann weiter nach Italien gehen. Während das Heer sich sammelte, ließ er das Passionsspiel der Leidensgeschichte Jesu aufführen. Damit entfachte er bei den bereits auf den Heiligen Krieg eingeschworenen Kämpfern noch größere Lust auf den Kriegszug.

Auch selbst begann der Fürst sich auf die lange Reise vorzubereiten. Er suchte die Klöster und Komtureien in ganz Thüringen auf. Überall, wo er hinkam, verteilte er teure Geschenke und bat die Ordensschwestern und

-brüder, für ihn zu beten. Nachdem er alle weitreichenden Vorbereitungen getroffen hatte, brach er mit einer großen Zahl mutiger Kämpfer nach Schmalkalden auf, wo sich noch andere Truppen zu ihnen gesellten. Unter seinen Männern befanden sich auch Meinhard von Mühlberg, Heinrich Marschall von Ebersberg und der junge Gautier Varilla.

Die Leitung des Landes überließ er seinem jüngsten Bruder, dem Herzog Heinrich Raspe IV.[5] und empfahl ihm und Magister Konrad von Marburg die Fürsorge für seine Frau und seine Kinder. Er schärfte ihnen ein, sie sollen auf seine Familie gut achtgeben. Beim Abschied versicherten die beiden feierlich, immer und überall seine Frau ritterlich zu beschützen.

„Niemand darf meine Frau in ihrer Frömmigkeit und beim Verteilen der Almosen behindern", so warnte der junge Fürst den ganzen Hof.

Als der Abschied kam, umarmte Ludwig liebevoll seine zwei Kinder, seine Frau, die Mutter, den Bruder und die beiden Schwestern.

Die Kinder weinten und hielten ihren Vater am Mantel fest, um ihn zurückzuhalten.

„Lieber Papa, bitte gehen Sie nicht weg!", weinten sie.

„O Ludwig!", rief Elisabeth aus.

---

[5] Der Name Heinrich Raspe taucht im Thüringer Herrscherhaus – den Ludowingern – öfters auf, meist waren es mitregierende jüngere Brüder der Landgrafen, die jedoch keine größere Bedeutung erlangten. Von der Wissenschaft wird dieser Herrscher daher auch als Heinrich Raspe IV. bezeichnet. (Anm. der Übersetzerin)

„Der Himmel möge mit dir sein, mein Sohn", sagte die Fürstin Sophia mit Tränen in den Augen.

Die ganze Familie weinte, und auch Ludwig kämpfte mit den Tränen. Das Volk, das den Fürsten und Herzog als Vater und Wohltäter liebte, verabschiedete sich genauso schwer von Ludwig.

Berthold, der Hof- und Burgkaplan, der seinen Herrn auch in das Heilige Land begleitete, beendete den schmerzlichen Abschied, indem er ein Kirchenlied in einer Art schmetternder Militärmusik anstimmte. Die in den Kampf ziehenden Ritter stimmten donnernd in sein Lied ein.

Der Fürst befreite sich aus den Umarmungen, sprang auf sein Pferd und ritt mit seiner Einheit nach Creuzburg. Auch seine junge Frau stieg in den Sattel, trotz ihrer Schwangerschaft wollte sie ihren Mann ein Stück des Weges begleiten.

Ludwig konnte dieser rührenden öffentlichen Zurschaustellung von Zärtlichkeit und Zuneigung nicht widerstehen und erlaubte seiner Frau, ihn noch eine Zeitlang zu begleiten. Als sie so nebeneinander ritten, führten sie traurige Gespräche. Ludwig versuchte immer wieder von neuem, seine Frau zur Umkehr zu bewegen. Doch Elisabeth ließ sich nicht dazu überreden. Eine schlimme Vorahnung, sie würde ihren Mann nicht wiedersehen, beschlich sie. Deshalb bat sie ihren Mann, ihm bis in das Heilige Land folgen zu dürfen.

„Aber meine Liebe, denke auch an dich selbst", sagte Ludwig und meinte damit, sie möge auf sich aufpassen, weil sie in gesegneten Umständen sei. Fast hatte

Elisabeth es geschafft, ihren Mann zu überzeugen, mit ihm zu kommen, da kam ihr der junge Rudolf, Schenk von Varilla, Ludwigs jahrelanger Freund, dazwischen.

„Eure Hoheit, so geht das nicht! Lassen Sie die Fürstin zurück nach Hause reiten."

Die liebenden Eheleute mussten voneinander Abschied nehmen. Ludwig zeigte Elisabeth einen Siegelring, in dessen Saphir ein Agnus Dei geschnitten war, und er sprach zu ihr:

„Wer auch immer dir diesen Ring bringt, dem kannst du glauben, was er dir berichtet: Entweder bin ich tot oder noch am Leben."

Ein letztes „Gott behüte dich" erklang, und der Fürst ritt mit seinem Kreuzfahrerheer weiter Richtung Süden. Elisabeth schaute noch lange ihrem Mann nach, dann kehrte sie mit ihrer Hofdame und zwei sie begleitenden Dienern auf die Wartburg zurück.

Als sie auf die Burg kam, legte sie ihre fürstliche Kleidung und den Schmuck ab und tauschte sie gegen Trauerkleider um, die sie nie wieder ablegte.

Von diesem Zeitpunkt an lebte sie abseits von allem das Leben einer Witwe.

Unentwegt betete sie für ihren Mann und für sich, sie fastete und tat Buße. Dann kam die Stunde, als sie ein Mädchen gebar. Neben dem Herzog Hermann und der kleinen Fürstin Sophie war das Elisabeths drittes Kind. Sie taufte es in Erinnerung an ihre Mutter auf den Namen Gertrud.

Das Kreuzfahrerheer sammelte sich in Italien, um von dort unter der Leitung des Kaisers auf dem Seeweg ins Heilige Land zu gelangen. Auch Fürst Ludwig erreichte unversehrt das Land der Zitronen und Pomeranzen. Der Kaiser ließ ihn zu sich auf die Insel San Domino in Apulien rufen, wo er mit anderen Fürsten besprach, wie im Heiligen Land aufzutreten und zu wirken sei. Währenddessen legten im Hafen von Brindisi bereits die Galeeren an.

Die mediterrane Hitze setzte dem Kaiser und dem Fürsten zu und wirkte sich verheerend auf die ganze Truppe aus. Ludwig, der sich sonst bester Gesundheit erfreuen konnte, ertrug diese Hitze nicht. Oft klagte er über Übelkeit und starken, fast Ohnmacht ähnlichem Schwindel. Nur es half alles nichts. Deutsche Eiche gedeiht nicht im Land der Zitronen und Pomeranzen.

Zum Glück verbrachten sie nur eine kurze Zeit auf dieser Insel. Das ganze Vorhaben war bis ins Detail besprochen worden, und so konnte die Flotte im Hafen von Brindisi in Richtung Osten in See stechen. Das Ziel war, so schnell wie möglich die Küste des Heiligen Landes zu erreichen.

Ludwig fuhr auf der gleichen Galeere wie der Kaiser. Durch die Hitze und Luftfeuchtigkeit verbreiteten sich Infektionskrankheiten und schwächten die Mannschaft. Neben diesen Leiden wurden die Männer zusätzlich noch von der Seekrankheit befallen. Nicht nur Ludwig, auch dem Kaiser wurde auf dem Schiff sehr schlecht. Alle dachten, es gehe mit ihnen zu Ende.

„Umdrehen!", stieß der Kaiser, der kaum noch atmen konnte, röchelnd hervor. Der Kapitän wendete das Schiff wieder Richtung Hafen von Otranto. Dort weilte auch die Kaiserin Isabella.

Sobald sie den festen Boden unter den Füßen hatten, fühlten sich alle besser. Der Kaiser war sehr schnell wieder genesen. Auch Ludwig ging es etwas besser. Er ging zur Kaiserin, um ihr die Ehre zu erweisen. Bei dem Empfang wurde ihm wieder schlecht. Um seinen brennenden Durst zu stillen, gaben sie ihm ein kaltes, erfrischendes Getränk zu trinken, doch die Flüssigkeit, die er zu sich nahm, verschlimmerte nur noch seinen Zustand. Der italienische Arzt, der dort auch anwesend war, stellte erschüttert fest: „Die Krankheit des jungen Fürsten ist tödlich."

Sterben? Oh!

Die italienische Sonne brannte wie Feuer über Otrantos Gärten. Vor den sterbenden Augen des blonden deutschen Fürsten erschienen die düstere, feudale Burg und dunkle, rauschende germanische Wälder, in denen schneeweiße Tauben sehnsüchtig nach ihren Partnern seufzten. Fürst Ludwig überließ sich Gottes Willen. Als er erfuhr, dass seine Krankheit tödlich verlaufen würde, bekam er vom Patriarchen von Jerusalem die Sterbesakramente. Sein Testament übergab er seinem treuen Vertrauten, dem Hof- und Burgkaplan Berthold. Er verfügte, dass sie seine Knochen nicht in der fremden Erde lassen sollten; wenn sie von dem Kreuzzug auf dem Heimweg nach Thüringen wären, mögen sie seine Gebeine mit in die Heimat nehmen und sie in die Krypta des Ludowinger-Klosters in Reinhardsbrunn legen. Den Siegelring mit dem blauen Saphir übergab er seinen Rittern, damit sie diesen gemeinsam mit der traurigen Nachricht seiner jungen Frau überbringen mögen.

Am 11. September 1227 wurde die gottergebene Tochter des ungarischen Königs in ihrem zwanzigsten Lebensjahr Witwe.

Elisabeth lag noch im Wochenbett und war zu schwach, um aufzustehen. In dieser Zeit war der Bote bereits unterwegs nach Thüringen mit der traurigen Nachricht.

„Tod! Tod!"

Keiner traute sich Elisabeth die schlimme Meldung, die der Bote brachte, mitzuteilen. Sie hatten Angst, die Nachricht würde sie töten. Ein paar Tage später entschied sich die Fürstin Sophia, Elisabeth vorsichtig und mit viel Gefühl die Wahrheit zu sagen. Mit einigen Hofdamen ging sie zu dem Bett, in dem die junge Mutter auf ihrem schönen Polster lag und das kleine neugeborene Mädchen in ihren Armen hielt. Sie wandte sich dankbar der Fürstin zu, denn es schien Elisabeth, als ob Ludwigs Mutter Mitleid mit ihrer Krankheit hätte und sie deshalb besuchen käme. Sie hatte absolut keine Ahnung, was passiert war.

Nach kurzem Zögern sprach Fürstin Sophia:

„Meine liebe Tochter, sei stark. Meinem Sohn, deinem lieben Mann, ist ein Unglück geschehen."

Elisabeth wurde blass.

„Wurde er gefangen genommen?", fragte sie verschüchtert, „sofort werde ich mich an meinen Vater wenden. Mit seiner Hilfe werde ich versuchen, ihn aus der Gefangenschaft zu retten!"

Sophie griff nach dem Ring mit dem blauen Saphir.

„O, meine liebe Tochter“, sagte sie in Tränen aufgelöst, „es ist ein noch schlimmeres Unglück passiert. Unser armer Ludwig ist gestorben.“

„Gestorben?“, schrie Elisabeth auf, sprang in die Höhe und streckte ihre Arme gegen den Himmel. „O mein Gott, o mein Gott, ich habe alles verloren. Es wird mit mir ein Ende nehmen! Ludwig, mein lieber Ludwig, du lässt mich arme Witwe allein zurück.

In selben Augenblick öffnete sie die Türe und lief herzzerreißend weinend durch die Gemächer.

„Er ist gestorben, gestorben“, schluchzte sie verzweifelt. Die Fürstin und die Hofdamen folgten ihr erschüttert.

„Meine Kinder! Die armen Waisen!“, rief Elisabeth, lief die Flure entlang und kam in den Speisesaal gerannt.

Die Fürstin Sophia und die Hofdamen umarmten die junge Witwe sanft und führten sie in ihre Gemächer zurück.

„Nimm Gottes Willen an, Tochter“, tröstete sie Sophia. In einem Taumel fiel Elisabeth auf ihr Kissen, wand die Hände und seufzte:

„Ich Unglückliche! Was wird aus mir? Verlass mich nicht, mein Gott! Gib mir Kraft! Ich sterbe, ich sterbe, ich sterbe!“

Der ganze Hof war entsetzt, als er das schreckliche Leid der armen Frau und Mutter sah. Alle trauerten um ihren gütigen Fürsten, der in seinem kurzen Erdenleben ein sanftmütiger und nachsichtiger Herrscher auf der Burg und von ganz Thüringen gewesen war.

Die traurige Nachricht über Ludwigs Tod verbreitete sich in Windeseile über das ganze Land. Thüringen trauerte. Schwer erklangen die Hörner, die Trommeln schlugen ihren huldvollen Rhythmus, in den Kirchen waren leidvolle Stimmen des Requiems bei der Totenmesse zu hören. Die schöne deutsche Provinz beweinte ihren jungen Fürsten, der in einem fernen Land in der Krypta der Kapelle von Otranto den Schlaf des Gerechten schlief.

Für Fürstin Elisabeth begannen die traurigen Tage ihres Witwendaseins. Für ihre offene Wunde suchte sie Trost bei Gott. Ihr herzzerreißendes Weinen hallte von den Wänden der Burg wider. Nach einer Woche Trauer wurde der Schmerz etwas weniger. Trost, den der Glaube spendet, überwindet die Schwäche des Menschen. So milderten die frommen Gebete, die Elisabeth für ihren verstorbenen Mann betete, die Nachtwache, das Fasten und die Buße, die sie tat, langsam ihre Bitterkeit. Wie ein Himmelsstern leuchtete durch ihre Tränen die Hoffnung auf ein Wiedersehen im Jenseits.

„Jetzt liebe ich den Himmel umso mehr", sagte sie erleichtert, „denn dort weilt mein lieber Ludwig und dort werde ich ihn wiedersehen, wenn Gott sich meiner sündigen Seele erbarmt."

Und wieder wurden das Beten, die Selbstverleugnung und die Sorge um die Armen ihre wichtigste Arbeit. Das alles tat sie für das Seelenheil ihres verstorbenen Mannes.

Elisabeth legte die vorübergehende Vormund- und Regentschaft für den jungen Thronfolger Hermann in die Hände des zwanzigjährigen Heinrich von Raspe, dem jüngeren Bruder ihres verstorbenen Mannes.

Fürst Heinrich trauerte aufrichtig um seinen Bruder. Obhut über die junge Witwe und ihre Kinder sah er als seine ritterliche Pflicht an, so hat er es auch Ludwig versprochen. Doch war er jung und unerfahren und ließ sich von seinen Beratern beeinflussen, anstacheln und führen. Die Schmeicheleien, mit denen ihn die Höflinge bezirzten, vernebelten in seiner Seele die Bescheidenheit, die einem jüngeren Bruder geziemt.

„Ihre fürstliche Gnaden, Ihr seid der Herrscher von Thüringen!", hörte er die Schleimer sagen, wenn er unentschlossen über eine Verordnung brütete.

„Die junge Fürstin ist unfähig, das Fürstentum zu regieren", flüsterte ihm eine höfische Intrigantin ins Ohr.

„Sie nicht", antwortete Fürst Heinrich, „aber ihr Sohn, der kleine Hermann, er ist der Thronfolger von Thüringen."

„Er ist noch ein Kind!"

„Das stimmt, doch einmal wird er erwachsen sein! Und dann wird er Herzog von Thüringen. Ich vertrete ihn nur."

Die Höflinge um Heinrich gaben keine Ruhe. Mit gefälschten Schriften versuchten sie zu beweisen, dass die Thronfolge in Thüringen über die männliche Bruderlinie verliefe, und zwar in der Reihenfolge des Alters. Wenn der Fürst stirbt, übernimmt die Regentschaft nicht sein Sohn, sondern der nachfolgende ältere Bruder, der dann heiraten muss. Die Kinder des verstorbenen Fürsten bekämen etwas Land und müssen als Landgrafen dem richtigen Herrscher Thüringens dienen.

Fürst Heinrich sträubte sich lange, doch der Druck, den die berechnende höfische Gesellschaft auf ihn ausübte, war so stark, dass er sich langsam mit dem Gedanken einer für ihn günstigen Nachfolge anfreundete.

Immer seltener widersprach er, wenn die Höflinge ihn mit „Eure Hoheit" ansprachen.

Heinrich lächelte beseelt und in seinen Augen fand sich eine Spur von Ehrgeiz, wenn er den Titel hörte, der einem herrschenden Herzog gebührt.

Elisabeth hatte keine Ahnung, dass ein Komplott gegen sie und ihre Kinder geschmiedet wurde. Ihre Seele war versunken in tiefe und echte Trauer, deshalb übersah sie Heinrichs Geltungsbedürfnis. Sorgsam kümmerte sie sich um ihre verwaisten Kinder, sie betete, fastete und tat Buße, sie besuchte Krankenhäuser und Unterkünfte für die Obdachlosen. Sie verteilte Almosen an die Armen, die jeden Tag zur selben Zeit an den Toren der Burg erschienen.

Eines Tages, als Elisabeth versuchte, wieder Geld unter die Bedürftigen zu verteilen, verbot der Hofmeister ihr das.

„Eure Hoheit, es geht nicht mehr. Ich erlaube es nicht", sprach er und heuchelte Mitleid. „Es ist ab jetzt verboten!"

„Wer hat es verboten?"

„Seine Hoheit, der Fürst!"

„Der Fürst?", rief Elisabeth überrascht hervor, „welcher Fürst?"

„Seine Hoheit Fürst Heinrich."

„Oh!", rief Elisabeth aus, und wie wenn ihr alles mit einem Schlag klar geworden wäre, setzte sie fort: „Also sind wir schon so weit gekommen?"

Plötzlich befiel sie Angst. Sie fürchtete um die Rechte ihrer Kinder. Sie entschied sich, zur Fürstin Sophia zu gehen und diese zu bitten, ihr genau zu erklären, was der Hofstaat vorhatte. Sophia war ihrer Schwiegertochter schon lange nicht wohlgesonnen. Natürlich wusste sie, was sich zusammenbraute. Sie trauerte vom ganzen Herzen noch um ihren Sohn und hatte auch Mitleid mit ihrem Enkel Hermann, dem sie seine Anrechte beschneiden wollten, doch war sie zur gleichen Zeit auch die Mutter von Heinrich. Sie wusste, es würde eine große Ungerechtigkeit passieren, doch sie wollte und wagte es nicht, gegen ihren Sohn und sein Gefolge vorzugehen.

Das Einzige, was Sophia machen konnte, war, Elisabeth zu versprechen, bei ihrem Sohn zu vermitteln. Diese Intervention brachte keinen Nutzen. Als die junge Witwe sah, dass sie sich bei der Verteidigung ihrer Rechte auf niemanden verlassen konnte, weil die ihr zugetanen Leute auf dem Kreuzzug ins Heilige Land waren, wollte sie die Dinge persönlich mit Heinrich klären. Ihr Schwager, der auch von dem jüngeren Bruder, dem Landgrafen Konrad, unterstützt wurde, traute sich nicht, seine Pläne vor Elisabeth zu offenbaren. Es stand fest, Fürst Heinrich und sein Hofstaat wollten

Elisabeths Erstgeborenen seiner Rechte berauben, doch sorgsam versuchte dieser zu vermeiden, die junge Witwe zu treffen. Dem Hofmeister und Hofmarschall, die die Jurisdiktionsgewalt innehatten, gab er den Auftrag, die Gesetzmäßigkeit seiner Thronfolge zu beweisen. Sofort stürzten sich die Komplizen in dieses niederträchtige Abenteuer.

Elisabeth versuchte, den Fürsten Heinrich für seine gesetzwidrige Entscheidung zur Verantwortung zu ziehen. Jedes Mal, wenn sie vorsprechen wollte, wurde sie von seinem Hofmeister empfangen. Eines Tages zeigte sie ihm deutlich, dass sie genug davon hatte, immer abgewiesen zu werden. Da brüllte der Adelige sie an:

„Auch ich kann dir die Entscheidung des Fürsten mitteilen. Du verfügst nicht mehr über die Rechte, frei zu wirtschaften, so wie unser seliger Fürst es dir einmal erlaubt hatte. Alles Geld verschwendest du für die ekelhaften Bettler. Mit deinem Irrsinn hast du fast ganz Thüringen ruiniert."

Elisabeth wurde blass. Sie musste sich weiterhin die entwürdigenden Worte des Mannes anhören.

„Eure Hoheit", setzte der Hofmeister erbost fort, „wir können dir keine Rechte zusichern, weil du unfähig und unwürdig zum Regieren bist."

„Was ist mit meinem Sohn?", widersetzte sich Elisabeth.

„Hermann wird nicht regieren. Der Thron gehört nicht dem Kind unseres verstorbenen Fürsten, sondern seinem nächstälteren Bruder."

„Wer sagt das?“

„Die Gesetze von Thüringen bestimmen das“, antwortete der Hofmeister und schaute sie herausfordernd an. „Denen ist es egal, ob es deiner Hoheit passt oder nicht. Wir wollen deinen Wahnsinn und deine maßlose Verschwendung hier nicht mehr dulden. Am besten wäre es, du verlässt die Wartburg.“

Nun war es soweit. Ludwigs Witwe erkannte, sie war in Thüringen nicht mehr erwünscht. Unermessliche Traurigkeit überkam ihr Herz. Sie wusste, dass sie sich in einer misslichen Lage befand. Es gab niemanden, der für sie und ihre Kinder einstehen würde. Fürst Heinrichs Gelübde bei Ludwigs Abschied löste sich in Rauch auf, es verschwand wie auch der Morgennebel über den Gipfeln der Kiefernwälder verschwindet. Der christliche Ritter, der einst gelobte, die Witwen und Waisen zu beschützen, verjagte nun Ludwigs Witwe und die vaterlosen Kinder von der Wartburg. Elisabeth erkannte, dass ihr Schicksal besiegelt war.

Daraufhin verbrachte Elisabeth die Nacht weinend in der Kapelle. Den Trost allerdings, den fand sie im Leiden Jesu Christi. Sie wäre bereit, die Erniedrigungen, das Beschneiden ihrer Rechte, die Verfolgung und Vertreibung, ja sogar den Tod bereitwillig anzunehmen. In keiner Weise aber konnte sie sich damit abfinden, dass ihre Kinder und mit ihnen auch der rechtmäßige Thronfolger Opfer der Intrigen würden. Es überfiel sie ein schrecklicher Gedanke. Was, wenn das Leben des kleinen Hermann nicht mehr sicher ist. Die Gefolgsleute von Heinrich benahmen sich geheimnisvoll und arglistig, und sie verletzten Elisabeth mit allerart Bosheiten und hässlichen Anspielungen. Wenn sie das alles bedachte, fühlte sie sich machtlos.

Sie wandte sich an Gott mit der Bitte um Rat.

Ihren Vater, den ungarischen König, konnte sie nicht um Beistand bitten, denn das sonnige Ungarn war so weit weg von diesem düsteren Thüringen. Doch Hilfe war vonnöten. Ihre eigenen Gefolgsleute kämpften im Heiligen Land und Konrad von Marburg, ihr Beichtvater, befand sich auf seinen Reisen durch Thüringen und hielt seine massenwirksamen Kreuzzugpredigten. Sie konnte sich allein auf die zwei treuen Hofdamen Guta und Isentrud verlassen.

Sollte sie warten, bis ihre Kinder ermordet würden?

Sie war sehr besorgt. Den ganzen Tag zermarterte sie sich das Gehirn, um einen Ausweg zu finden. Doch sie kam zu keinem Ergebnis.

Verängstigt kam am nächsten Tag Guda zu ihr.

„Meine Herrin", sagte die herzliche, gütige Frau unter Tränen.

Als Elisabeth Guda bittere Tränen weinen sah, dachte sie bei sich, sie müsste die junge Hofdame trösten. Doch vermochte sie es nicht, weil sie selbst Trost benötigte.

„Meine Liebe, was ist passiert?", fragte sie.

„Oh Herrin, ich habe eine ganz schlimme Neuigkeit, die Ihr gütiges Herz betrüben wird."

„Ich weiß es bereits", antwortete Elisabeth, „mein Sohn wurde seiner Rechte als Thronfolger beraubt, sie nahmen mir meinen Besitz weg und sie verboten mir, milde Gaben unter den Bedürftigen hier in der Umgebung zu verteilen."

„Woher wissen Sie das, Hoheit?"

„Vom Hofmeister persönlich."

„Und Ihr wisst über alles andere auch Bescheid?"

„Über was?", rief Elisabeth erschrocken.

„Oh, meine Herrin! Auf Sie wartet noch eine härtere Probe. Es reicht nicht, dass Sie von allem beraubt wurden, nein, der Hofstaat will Sie vertreiben. Das weiß ich aus einer sicheren Quelle."

„Sie wollen mich wirklich vertreiben?"

„Ja! Zusammen mit den Kindern!"

„Mein Gott", seufzte Elisabeth auf, „so etwas passiert wirklich mir und meinen Kindern. Ich hatte einmal zwei Orte, die meine Heimat waren, nun bin ich heimatlos!"

Beide, Elisabeth wie auch die Hofdame, knieten vor dem Kreuz Jesu nieder und beteten.

„Oh Herr, möge dieser bitterschwere Kelch an mir vorüber gehen. Nicht wegen mir, sondern wegen meiner Kinder."

Durch das Beten linderte sich Elisabeths Leid. Seelisch gefestigt stand sie auf und teilte Guda ihren Entschluss mit. Sie werde nie aufgeben und bis zu ihrem letzten Atemzug um die Rechte ihrer Kinder kämpfen. Sie sei sich bewusst, sie könne entschlossener gegen die Feinde ihrer Kinder vorgehen, wenn sie freiwillig die Wartburg verließe, und das schon, bevor die Höflinge sie vertreiben würden. Außerdem müsste sie, bliebe sie auf der Wartburg, wie eine Gefangene leben. Lieber ziehe sie sich den Mantel der Vertriebenen an und verließe freiwillig die Wartburg. Gott werde ihr zur Seite stehen und sie nicht verlassen in diesen bitteren Tagen der Erprobung.

Guda widersprach: „Wohin wollen Sie gehen, Hoheit? Die Tage sind bereits jetzt sehr kühl. Was machen Sie im Winter, ohne ein Zuhause zu haben?"

„Es wird sich schon jemand finden, der mich aufnehmen wird. Vielleicht einer, dem ich im Namen Gottes Gutes getan habe."

„Und die Kinder?", fragte Guda, die versuchte, Elisabeth zu überreden, ihren Plan zu ändern.

„Die Kinder bleiben vorerst hier", erwiderte Elisabeth entschlossen, „ich selbst verlasse noch heute die Wartburg und suche mir irgendwo eine Unterkunft. Morgen bringt Ihr die Kinder zu mir. Ich werde ein armes Witwendasein führen und mit meinen Händen arbeiten, bis Gott sich meiner erbarmt."

Guda erkannte, dass jeder weitere Einwand sinnlos wäre. Sie konnte Elisabeth nicht von ihrem Vorhaben abbringen. Das Einzige, was sie tun konnte, war, ihre Freundin zu bitten, warme Kleidung mitzunehmen und sich eine Unterkunft zu suchen. Guda selbst wollte ihr am nächsten Tag die Kinder bringen. Dann umarmten sie sich.

„Ich danke dir Guda für deine Freundschaft. Du und Isentrud seid mir treu ergeben. Alle anderen, die früher auf meiner Seite waren, haben mich dagegen verlassen. Und nicht nur, dass sie mich verlassen haben, sie lehnen sich jetzt gegen mich auf. Guda, Gott möge dich reich belohnen für alles, was du für mich getan hast!“

„Ach, meine liebe Herrin!“, schluchzte Guda, die sich nicht von ihrer Herrin lösen konnte, auch wenn diese ihr zu verstehen gab, sie wolle allein sein. Elisabeth wollte noch ein letztes Mal in der Burgkapelle beten, bevor sie die Wartburg verlassen würde.

Als sie alleine war, zog sie den Mantel über ihr einfaches Witwenkleid und schritt langsam zur Kapelle.

Auf dem Flur sah sie ein paar Diener. Sobald diese aber die junge Fürstin erblickten, versuchten sie, sich zu verstecken. Doch Elisabeth hatte sie bemerkt. Wortlos ging sie an ihnen vorbei. Als sie die Treppe zur Kapelle erreichte, sprang ein Höfling hinter einer Säule hervor und ging sie hart an:

„Wohin willst du?“

„In die Kapelle“, erwiderte Elisabeth leise. Genau in diesem Augenblick kamen einige Hofintriganten aus verschiedenen Richtungen angelaufen. Einer von ihnen stellte sich herausfordernd vor Elisabeth:

„Du darfst nicht in die Kapelle!“

„Warum nicht?“, fragte Elisabeth mit zitternder Stimme.

„Es wurde uns befohlen, dafür zu sorgen, dass du die Burg verlässt.“

„Wer hat es euch befohlen?“

„Seine Hoheit, der Herzog.“

„Ich will nur kurz in die Kapelle!“, erwiderte Elisabeth. Gerade als sie ihren Fuß auf die erste Stufe setzen wollte, packte sie ein anderer Höfling am Arm:

„Raus hier!“, rief er drohend. Noch andere traten herbei und wollten Elisabeth mit Gewalt wegschaffen.

Elisabeth wehrte sich nicht. Sie wusste, dass alles, was hier passierte, Fürst Heinrich zu verantworten hatte. Sie beugte den Kopf, hüllte sich in ihren Mantel und ging langsam zum Ausgang.

Die Aufständischen passten auf, damit keiner sie auf den langen Fluren und auch nicht vom Burghof aus mit Elisabeth laufen sah. Als sie an dem großen Burgtor ankamen, zeigte einer der Höflinge Richtung Eisenach und sagte zu der Vertriebenen:

„Dorthin führt dein Weg!“

Mit lautem Gekrache wurde das Burgtor hinter Elisabeth geschlossen.

Oben auf dem Turm stand die Wache.

Niemand dachte mehr daran, wie einst hier auf dem Burgturm die Hörner die überschäumende Freude verkündeten. Das war damals, als die kleine ungarische Prinzessin das erste Mal durch das Tor der mächtigen Burg ging. Damals rannten alle kopflos auf der Burg hin und her und waren ganz gerührt und begeistert vor Freude. Heute vertrieben sie diese Prinzessin von der Burg. Unter den Höflingen verbreitete sich eine Art geduckte Stille. Keiner von ihnen traute sich der Vertriebenen hinterherzuschauen, denn jeder spürte die Niederträchtigkeit, die auf der Burg jetzt herrschte. Die uralten Wände der Wartburg hatten eine solche Gemeinheit noch nicht gesehen.

Als Elisabeth sich auf den Weg hinunter ins Tal aufmachte, tauchte der Spätherbst die Baumkronen bereits in ein dunkles Rot. Sogar der Wind wehte wehmutsvoll und verzagt über die Landschaft und wirbelte Blätter auf, und es schien, als ob er weinen wollte. Die untergehende Sonne zeigte ihr blasses Gesicht, es war kalt geworden. Kalt, wie ein erloschenes Herz kalt sein kann.

Langsam schritt Elisabeth den Weg von der Wartburg nach Eisenach hinunter. Es fröstelte sie. Die Kälte der nahenden Oktobernacht trieb ihr Tränen in die Augen, ihre Lippen flüsterten schmerzhaft die Worte, die einst unser Jesus geflüstert hat! „Die Füchse haben Gruben und die Vögel unter dem Himmel haben Nester; aber der Menschensohn hat nichts, wo er sein Haupt hinlege.“[6]

[6] Mt 8, 19-20 (Die Bibel in der Einheitsübersetzung)

Durch eine Verschwörung werden Elisabeth und ihre Kinder aus dem Schloss verbannt. Tagsüber halten sie sich in den Kirchen auf und nachts schlafen sie im Schweinestall.

9.

Es dämmerte bereits, als Elisabeth in Eisenach ankam. An diesem kalten Abend suchte jeder sein ruhiges Zuhause auf, wo im Kachelofen ein Feuer mit safranfarbenen Flammen brannte.

Elisabeth klopfte an die Tür eines einfachen Hauses. Ein Mann trat heraus, und als er die Fürstin vor sich erblickte, drehte er sich um und knallte hinter sich die Tür zu.

„Wahrscheinlich hat er mich nicht erkannt“, dachte Elisabeth und ging weiter.

Sie klopfte an die nächste Tür.

„Was willst du?“, fragte der Hausherr.

„Ich bitte um eine Übernachtungsmöglichkeit“, erwiderte Elisabeth ehrerbietig.

„Das geht nicht!“, rief der Familienvater aus und verschwand schnell wieder in sein Haus.

Elisabeth wurde es schwer ums Herz, und nur der Gedanke, dass „Obdachlose aufzunehmen“ eines der Werke der Barmherzigkeit ist, machte sie hoffnungsvoll. Langsam ging sie weiter und klopfte an so manche Tür. Doch überall wurde sie abgewiesen.

„Was ist das?", überlegte sie. Könnte es möglich sein, dass die Eisenacher Bevölkerung so schlechte Christen sind? Keiner wollte eine Obdachlose aufnehmen, auch nicht für eine Nacht? Sie verweigern Hilfe ihr, wo sie es doch gewesen ist, die den Leuten hier so viel Gutes getan hatte. Wäre es denkbar, dass sie jeden Obdachlosen aufnehmen würden, nur sie nicht?

Sie versuchte noch einmal bei einem fremden Haus unterzukommen, und als sie auch dort abgewiesen wurde, fragte sie in aller Bescheidenheit nach dem Grund dieser Ablehnung.

„Ach, arme Frau", flüsterte ein anständiger Mann, „meine Ablehnung, ich meine der Grund, dass ich Sie abgewiesen habe, ist folgender. Bereits heute Morgen kam von der Wartburg der Befehl, niemand dürfe der Fürstin Unterkunft gewähren."

„Ach!", stieß Elisabeth hervor, „so ist das also."

Es wurde dunkel und sie stand immer noch ohne Unterkunft da. Sie wusste nicht, was sie tun sollte. Die Herzlosigkeit brachte sie der Ohnmacht nahe. Erfüllt mit Schmerz, dachte sie an die Menschen in Eisenach, die feige eingeknickt waren und eine Anordnung befolgten, die eindeutig den Lebensregeln des christlichen Glaubens widersprach.

So etwas hatte sie nicht erwartet.

Die Nacht war kalt, und sie konnte sie nicht draußen verbringen. Es blieb ihr nichts anderes übrig, als in eine Taverne zu gehen. Für Geld nahmen sie dort jeden auf.

Elisabeth machte sich auf den Weg zu einer einfachen Herberge. Sie mied den glanzvollen Hellgrevenhof, wo sie mit Fürstin Sophia damals übernachtet hatte, als die Gesandten sie als kleines Mädchen aus Ungarn hierhergebracht hatten.

Der Wirt murmelte etwas in seinen Bart, als er hörte, was die Fürstin erbat. Weil er nicht das Recht hatte, jemanden einfach vor die Tür zu setzen, war er bereit, Elisabeth Obdach zu gewähren. Doch sagte er, er habe kein Zimmer mehr frei, könne ihr aber als Unterkunft den großen Schweinestall anbieten. Es seien zu diesem Zeitpunkt keine Tiere drinnen. Es befänden sich dort nur Werkzeug und Stroh. Elisabeth nahm dankbar die angebotene Unterkunft an. Weil es bereits spät war und der Wirt sich zur Ruhe begeben wollte, ging auch Elisabeth schnell zu ihrer eigentümlichen Schlafstelle. Sie legte sich nicht sofort schlafen, sondern kniete nieder und fing an zu beten. Sie hörte die Worte aus den Bibelschriften, die über den Erlöser berichteten: Er kam in sein Eigentum, und die Seinen nahmen ihn nicht auf.[7] Und sie dachte über die Jungfrau Maria nach, die damals auch an die Türe der Häuser geklopft hatte und auf den Straßen von Betlehem vergebens nach einer Unterkunft gesucht hatte und es keinen anderen Platz für sie gab als den Stall. Dort gebar sie dann unseren Erlöser.

Während sie betete, wurde sie auf das Läuten der Glocken aufmerksam.

Es war Mitternacht. In dem nahegelegenen Kloster riefen die Ordensbrüder der Franziskaner zum

[7] Johannes 1:11

Nachtgebet. Elisabeth erhob sich sofort und eilte in die Kapelle. Sie kniete auf dem steinernen Boden nieder und vertiefte sich ins Gebet. In der Kapelle war der Chor der armen Franziskaner zu hören, die jede Nacht aufstanden, um Gott zu lobpreisen und für die Sündigen zu beten. Als sie die Vigilien beendet hatten, trat die Fürstin ehrfürchtig zu den Ordensbrüdern. Diese schauten verwundert in Richtung Elisabeth, der Gründerin ihres Klosters, und überlegten, was sie wohl bewegt haben könnte, in die Kapelle zu kommen. Das nächtliche Beten und der Gesang der Franziskaner hatten Elisabeths geistliche Haltung noch vertieft. Die Genialität des großen Franz von Assisi, das Leben in Armut, Gehorsam und Enthaltsamkeit, das alles hat sie derart übermannt, dass sie die Ordensbrüder bat, „Te Deum Laudamus" anzustimmen. Damit wollte sie Gott danken, weil sie den Lehren des großen Franziskus folgen durfte. Die Franziskanerbrüder waren entzückt, ihr den Wunsch erfüllen zu können.

Und so wurde es langsam hell.

Guda und Isentrud kamen am Morgen und brachten Elisabeths Kinder mit. Sofort umarmte die junge Mutter diese und drückte sie an ihr Herz. Nun musste eine andere Bleibe gefunden werden, denn Elisabeth hätte es nicht ertragen können, wenn ihre Kinder in einem Stall übernachten müssten. Mit den weinenden Kindern ging sie die Straßen von Eisenach entlang und bat um Unterkunft. Erneut wurde sie allerorts kühl und gnadenlos abgewiesen. Nur ein alter Priester gab seinem Herzen einen Stoß und bot ihr trotz des Verbotes einen Platz zum Schlafen in seinem Haus. Leider konnten sie die Gastfreundschaft des achtbaren alten Mannes nicht lange genießen. Aus der Burg kam prompt der Befehl, die Fürstin müsse sofort das Haus des Priesters verlassen und zu einem ehemaligen Höfling ziehen.

Dieser Adelige war ein Vertrauter des Fürsten Heinrich und er hasste die Fürstin. Elisabeth wusste, dort erwarte sie nichts Gutes. Dessen ungeachtet suchte sie das Haus des Mannes auf. Sie wollte mit den Kindern nicht auf der Straße übernachten. Dann passierte, was sie bereits erahnt hatte. Sie wurden kaltherzig und unfreundlich empfangen. In seinem glanzvollen Haus wies der ehemalige Höfling ihnen einen kalten Raum zu, fürwahr eine richtige Höhle. Er war auch nicht bereit, Elisabeth und die Kinder zu versorgen. Jede Bitte der Fürstin lehnte er erbarmungslos ab. Die Kinder froren, sie hätten einen warmen Ofen gebraucht.

„Das verbiete ich!", rief der Hausherr, wenn Elisabeth darum bat, das Zimmerchen warm zu machen. Die Kinder mussten die ganze Nacht frieren und klapperten mit den Zähnen.

Das Verhalten des Mannes war unmenschlich, deshalb verließ Elisabeth alsbald das verhasste Haus. Als sie dieses kleine, schmutzige Loch verließ, stöhnte sie auf:

„Ach, ihr Wände, ihr Mauern, ich danke euch, weil ihr uns vor der Nachtkälte geschützt habt. Gerne würde ich mich auch bei dem Hausherrn bedanken, nur weiß ich nicht, wofür ich ihm danken sollte!"

Gemeinsam mit den Kindern ging sie zurück in den Schweinestall.

Die Tage verbrachten sie zusammen in den Kirchen. Von dort konnten sie nicht vertrieben werden. Doch die Nächte waren grausam. Elisabeth musste mitansehen, wie ihre unschuldigen Kinder auf dem Stroh liegend vor Kälte zitterten, und das brach ihr fast das Herz.

Dann endlich regte sich bei manchen Bewohnern der Stadt Mitleid. Sie beschlossen, die Fürstenkinder aufzunehmen. Elisabeth konnte sich nur mit großem Schmerz von ihnen loslösen. Doch sie sah ihre lieben, hungrigen, leidvollen Gesichter, die an Ärger und Armut nicht gewöhnt waren. Deshalb vertraute sie ihre Liebsten den Fremden an, auch wenn ihr Herz dabei blutete.

Bald musste Elisabeth sich einer neuen Herausforderung stellen. Das Wenige an Schmuck, das sie noch hatte, musste sie verkaufen, um sich mit Nahrung zu versorgen. Als sie alle ihre Reserven verbraucht hatte, blieb ihr nichts anderes übrig, als einfache Arbeiten anzunehmen. Für ein paar Groschen half sie beim Stricken und Weben in armen Familien. Sie packte an beim Schöpfen und Tragen von Wasser und beim Waschen der Wäsche. So verdiente sie ihr tägliches Brot.

Die Leute sahen zu, wie ihre Herrscherin, die Tochter des mächtigen ungarischen Königs, mühsam durch die Straßen von Eisenach ging und auf ihren Schultern das Tragjoch mit den Eimern voller Wasser trug. Und sie schauten zu, wie ihre Herrin und Wohltäterin die Nacht in dem einfachen Schweinestall verbringen musste.

Die Armen und die Bettler, an die sie früher Tag für Tag vor den Toren der Wartburg großzügige Almosen verteilt hatte, liefen gefühllos an ihr vorbei, ohne sie nur einmal anzuschauen. Es konnte auch passieren, dass diese sie sogar böse anfeindeten.

Es gab in Eisenach einen Bach, über den keine Brücke führte. Das Wasser war nicht tief und es reichten ein paar exakt gelegte Steine, um ihn zu überqueren.

Einmal, als Elisabeth wieder den Bach auf dieser behelfsmäßigen Vorrichtung überquerte, lief ihr eine alte Bettlerin, die früher von der Fürstin viele Almosen bekam, hinterher. Sie schubste Elisabeth, diese verlor das Gleichgewicht und fiel in den schlammigen Bach. Die Bettlerin kreischte:

„Den Fürstenmantel willst du nicht tragen, arm willst du sein. Jetzt bist du eine arme Bettlerin und wälzt dich im Schlamm. Habe keine Angst, ich werde dich hier nicht herausziehen!"

Nur mit großer Mühe konnte Elisabeth aufstehen. Nass und schmutzig schaute sie der Alten nach und dachte sich:

„Das ist der Lohn dafür, dass ich einmal teuren Schmuck und Edelsteine getragen habe."

Sie setzte ihren Weg fort. Stromaufwärts, wo das Wasser klar war, wusch sie ihr verschmutztes Gewand.

Jeder Sterbliche würde ob solcher Boshaftigkeit und Undankbarkeit die Beherrschung verlieren und diesen ungehobelten und rücksichtslosen Menschen ordentlich herunterputzen und ihm einen Denkzettel verpassen. Elisabeth aber wollte treu und in Demut, Vergebung und Vollkommenheit mit Jesu wandeln. Folgende Worte meißelte sie in ihr Herz: Wenn jemand Steine auf dich wirft, wirf Brot zurück.[8]

Gerade in den schwersten Tagen ihrer Vertreibung und der Bewährungsprobe flammte in ihr die glühende Liebe zu Gott auf, die ihr Trost, Visionen und Begeisterung brachte. Während sie stundenlang in Eisenacher Kirchen oder im Schweinestall betend verbrachte, blendete wundersames Licht himmlischer Erscheinungen ihre Augen. Als sie diese schloss, hörte sie die tröstenden und ermunternden Stimmen des Heilands und der Jungfrau Maria.

Eines Tages wurde Elisabeth zutiefst verletzt, so abgrundtief, dass nicht einmal eine noch so gottesfürchtige Seele das hätte ertragen können. Sie aber versank in ein leidenschaftliches Gebet. Demütig bat sie Gott, dem Ruchlosen seine Schwäche zu verzeihen und ihre Peiniger zu segnen.

Dann hörte sie tief in ihrem Herzen eine Stimme.

„Noch nie hast du ein schöneres Gebet gesprochen als dieses. Deshalb vergebe ich dir jede einzelne Sünde, die du je in deinem Leben begangen hast."

Elisabeth war fassungslos. Sie fragte:

„Wer bist du, der auf diese Weise mit mir spricht?"

„Ich bin der, vor dem einst Maria Magdalena gekniet hatte", antwortete die Stimme.

---

[8] Angelehnt an Matt. 7:9-11 (Anmerkung der Übersetzerin)

Die Nähe des Heilands und seine klaren Worte erfüllten Elisabeth mit neuen Kräften. So gestärkt, konnte sie weiterhin geduldig jedes Unrecht und jedes Leid ertragen. Sie dankte Gott dafür, dass er sie anerkenne und dass sie selbst den schweren Weg gehen dürfe, den Jesus einmal gegangen ist.

Bei einer anderen Gelegenheit erschien ihr die Jungfrau Maria. Als Elisabeth vor so viel Ehrerbietung zurückschreckte, sprach ihr die Jungfrau Maria Mut zu:

„Wenn du meine Tochter sein magst, dann werde ich deine Mutter sein und werde dich als gute Schülerin zu meinem Sohn führen!"

In diesen himmlischen Worten fühlte Elisabeth eine Art Entschädigung für ihr Martyrium.

So vergingen ihre Tage in Eisenach. Auf der Wartburg aber erklang laute Musik und es gab vergnügliche Feiern, ja sogar richtige Feste. Der geblendete Fürst Heinrich und sein Hofstaat dachten, sie seien mit Elisabeth und ihren Kindern endgültig fertig geworden und dass sie von dieser Seite nichts mehr zu befürchten hatten.

Eines Tages wurden zwei fremde Wagen auf den Eisenacher Straßen gesichtet. Die Neuankömmlinge waren auf der Suche nach Elisabeth. Als sie die Fürstin nach langer Mühe endlich fanden, grüßten sie diese mit großer Ehrerbietung und teilten ihr eine erfreuliche Botschaft mit:

„Eure Hoheit, es schickt uns eure Tante", sagten sie.

Bei diesen Worten wurde Elisabeth unruhig.

„Eure Hoheit, eure edle Tante, die ehrbare Schwester Mechthild, Äbtissin im Benediktinerkloster in Kitzingen, teilt Ihnen mit, Sie können mit Ihren Kindern in das Kloster ziehen. Als Verwandtschaft werden sie mit christlicher Liebe erwartet. Ihre Tante weiß um Ihr verhängnisvolles Schicksal und möchte Ihnen aus diesem Grund einen Schutzort anbieten."

Genauso wie nach einer Nacht der erste Sonnenstrahl über dem Himmel aufleuchtet, so erstrahlte Elisabeths Seele in wahrer Glückseligkeit. Als die Gesandten ihr versicherten, sie könne sofort aufbrechen, holte Elisabeth ihre Kinder und ihre zwei treuen Hofdamen Guda und Isentrud ab. Sie bedankte sich herzlichst bei den Betreuern ihrer Kinder für ihr Wohlwollen und dem Wirt, dass er ihr Unterkunft gewährt hatte. Weil sie nichts besaß, was sie hätte einpacken müssen, nahmen sie sogleich in der Kutsche Platz und fuhren gemeinsam nach Kitzingen.

Der Weg führte sie an romantischen Orten vorbei. Die schönen Täler entlang des Mains, das prachtvolle Grün, die Vegetation, das alles rief Laute des Entzückens bei unseren Reisenden hervor.

Äbtissin Mechthild empfing die verbannte Fürstin und ihre Kinder mit mütterlicher Liebe. Als ältere Schwester der in den Wäldern von Pilis ermordeten ungarischen Königin Gertrud beweinte sie deren gewaltsamen Tod. Nun wollte sie für die vertriebene Tochter der toten Schwester die Mutterrolle einnehmen und ihr in Tagen des Kummers und Leid helfen.

Elisabeth wurde glücklich in dem Kloster.

Ihren Kindern mangelte es an nichts, und sie wurden liebevoll beschützt. Diese Umstände beruhigten Elisabeths Herz. Sie selbst konnte nun wieder ganz für Gott leben. Sie freute sich darüber, am rechtgläubigen Leben der einfachen Ordensschwestern teilnehmen zu können. Sie war noch nie so lange in einem Kloster. Die Strenge und Einfachheit des Klosterlebens berührten tief ihre Seele, die dazu neigte, sich in die Einsamkeit zurückzuziehen. Sie war immer anwesend bei Bußritualen der Ordensschwestern, deren Vigilien und beim Singen der Psalmen. Mit Freude trug sie Cilicium unter ihrer Kleidung. Als sich eine helle Wolke des Weihrauchs an der gewölbten Decke des dunklen Korridors entlang schlängelte und die Ordensschwestern am Ende des Flurs vor dem großen Kreuz knieten, an dem der blutgetränkte Leib Christi hing, vertiefte sich Elisabeth ganz in die Gedanken über das ausschweifende irdische Leben. In ihrem Inneren verfestigte sich der frühere Gedanke, dass es in diesem Tal der Tränen kein glücklicheres Leben gibt, als in heiliger Armut zu leben und sich von lärmenden Festen in die selige Einsamkeit zurückzuziehen. Sie glaubte daran, dass das wahre Glück nur der empfinde, der nichts besitzt, und wenn ihn nichts an diese Welt bindet, kein Mensch und kein Ding. Wenn Gott ihr nicht das Leben als Ehefrau und Mutter vorbestimmt hätte, so würde sie fürwahr am liebsten zwischen den Mauern des Klosters leben.

Außerdem vergoldete noch ein anderes Glück Elisabeths Leben in den Tagen ihres Aufenthalts in Kitzingen. Zum Kloster gehörte ein Hospital, in dem die Ordensschwestern arme Kranke pflegten. Die Äbtissin erlaubte Elisabeth, ihrer warmherzigen Leidenschaft, die Kranken zu versorgen, zu folgen. So ging die Fürstin jeden Tag in das Hospital, und ihre Freude war groß, denn sie konnte hier, genauso wie früher auf der Wartburg, den Bettlägerigen helfen. Sie verband ihre Wunden, betete mit ihnen und lehrte sie Gottgefälligkeit und Ehrfurcht.

Diese angenehmen Tage in Kitzingen währten gute zwei Monate. Der Bruder der Königin Gertrud, Ekbert Graf von Andechs-Meranien, der Bischof von Bamberg, hatte von seiner Schwester, der Äbtissin Mechthild, erfahren, dass sich die Tochter der ermordeten Königin mit ihren Kindern im Kloster Kitzingen aufhält.

Er fand keinen Gefallen daran, Elisabeth noch weiter im Kloster wirken zu lassen. Die Ordensregeln erlaubten es nicht, dass eine weltliche Frau und ihre Kinder sich längere Zeit im Kloster aufhielten. Genauso vertrat er die Meinung, einer fürstlichen Hoheit gezieme es nicht, in zwei einfachen Klausen der ärmlichen Ordensschwestern zu wohnen. Also sandte er der Äbtissin und Elisabeth Nachricht, die Herzogin möge mit ihren Kindern auf die Burg Pottenstein umsiedeln. Aus tiefster Zuneigung zu seiner unglücklichen Nichte überlasse er ihr die Burg und werde auch dafür sorgen, dass sie dort standesgemäß leben könnte. Elisabeth hatte sich nur mit schweren Herzen vom Kloster lossagen können. Auch fiel es ihr schwer, sich von der Oberin trennen zu müssen, hatte diese sie doch mit großer Mutterliebe überschüttet. Bevor sie sich verabschiedete, bat sie die Priorin, ihre kleine Tochter Sophie in deren Obhut im Kloster lassen zu dürfen. Die Äbtissin möge sie erziehen und wenn Gott Sophia ruft, solle diese Jesus Christus heiraten und den Schleier der Ordensschwestern anziehen. Mit Freude übernahm die Klostervorsteherin die Verantwortung für das junge Mädchen.

Elisabeth zog auf die Burg Pottenstein.

Bischof Ekbert erfüllte all seine Versprechen. Seiner Nichte sicherte er Einkünfte von den umliegenden Gütern der Burg und ernannte auch eine Hofbegleitung für sie. Das waren ein Hofmeister, ein Priester, zwei adelige Dienerinnen, Guda und Isentrud und noch einige Dienstboten. Durch die Güte des Bischofs konnte Elisabeth wieder das Leben aufnehmen, das ihrer herzoglichen Stellung entsprach.

Elisabeth litt keine Not mehr, wohnte nicht mehr in elenden Unterkünften und litt keinen Hunger mehr. Das alles hatte sie in Eisenach erlebt. Unter diesen leidvollen Verhältnissen hatte auch Elisabeths Gesundheit gelitten. Nun aber ging es ihr besser, und damit erblühte sie erneut im Glanz ihrer jugendlichen Schönheit.

Bald erstattete Bischof Ekbert seiner lieben Verwandten einen Besuch ab.

Elisabeth empfing den hohen kirchlichen Würdenträger, der mit seiner glorreichen Begleitung ankam, mit entsprechender unterwürfiger Ehrerweisung. Der Bischof gab Elisabeth zu verstehen, er käme nicht als Wohltäter, sondern als lieber Verwandter, der in ihr die Königstochter und die Herzogin ehrt.

Das Wiedersehen war herzlich und bewegend.

Mit väterlicher Liebe umarmte der Bischof Elisabeth und ihre Kinder. Er hatte vor, sich eine längere Zeit auf Burg Pottenstein aufzuhalten. So waren die Tage, die sie gemeinsam verbrachten, sehr angenehm. Der Bischof tat alles, damit Elisabeth sich wohlfühlte. Er überschüttete sie mit Aufmerksamkeiten. Viel sprach er auch über den tragischen Tod ihrer Mutter, über ihren Vater, die Brüder und Schwestern, über ihr Schloss im Heimatort Bratislava und über die Schönheit des weit entfernten Ungarns.

Dabei war Elisabeths Erinnerung an all das bereits verblasst. Deshalb bat sie den Bischof, ihr lieber mehr über ihre Heimat zu erzählen.

Als Bischof Ekbert merkte, dass Elisabeth glücklich und gerne in der Erinnerung an ihre Heimat schwelgte, fragte er sie:

„Möchtest du gerne zurückkehren?"

Elisabeth wurde es ein wenig peinlich.

„Du musst keine Angst haben! Ich würde dir eine schützende Begleitung geben, und zu Hause würdest du sicherlich herzlichst empfangen werden."

Nach einer kurzen Überlegung sagte Elisabeth:

„Nein, ich gehe nicht nach Hause!"

„Warum nicht?", fragte der Bischof.

„Meine Kinder haben Herrschaftsrecht über das Land Thüringen, und dieses Recht will ich ihnen nicht nehmen. Ich wäre keine gute Mutter, würde ich nach Ungarn zurückkehren."

„Dann bleibe hier", antwortete der Bischof und redete nicht mehr davon. Doch wollte er in Zukunft Elisabeth gut versorgt wissen. Er überlegte sich, die junge, zwanzigjährige Witwe, die in ihrer vollen Blüte stand, könnte ja wieder heiraten. Doch zuerst wollte er herausfinden, was Elisabeth selbst über eine Wiederheirat dachte. Vertrauensvoll bat er die zwei zuverlässigen Hofdamen, sie mögen doch mit Elisabeth darüber sprechen.

Elisabeth brach in Tränen aus, als Guda und Isentrud ihr nur andeuteten, sie könnte erneut heiraten.

„Ach, mein liebster Ludwig!“, sagte sie leidvoll, „also auf diese Weise sollte ich dir posthum die Treue halten, indem ich jemandem zuliebe den Witwenschleier ablege und dich verrate?“

„Und wenn Ihr auf diese Weise besser die Rechte Eurer Kinder verteidigen könntet?“, fragte Guda.

„Nein, nein!“

„Und wenn Ihr deshalb die Burg verlassen müsstet?“

„Nein!“, hört mir zu, „vor Magister Konrad legte ich mein Gelübde ab, sollte ich je Witwe werden, nie wieder einen anderen Mann zu heiraten. Bitte erzählt Bischof Ekbert nichts davon. Mit seiner bischöflichen Macht könnte er mich vom Gelübde freisprechen. Und wenn ich auch dieses Versprechen nicht gegeben hätte, so ist meine Erinnerung an Ludwig tief in meinem Herzen verankert, und keine Macht der Welt kann ihn da wieder herausreißen. Alles, was ich in meinem Leben noch möchte, ist, mich dem Heiland zuzuwenden, innigst zu ihm zu beten, das restliche Leben ihm zu widmen und für meine Kinder zu kämpfen, damit sie den Thron von Thüringen besteigen können.“

„Und wenn Hochwürden dich zwingen wird?“

„Das wird er nicht. Und wenn er es machen würde, so werde ich mich wehren. Und wenn ich merken würde, mein Sträuben bringt mich nicht weiter, dann würde ich mein Gesicht dermaßen verunstalten, dass jeder, der mich zu Gesicht bekäme, vor mir zurückschrecken würde.

Die beiden treuen Hofdamen sanken bewegt zu Elisabeths Füßen.

„Ach, unsere Herrin! Du bist über alle Zweifel erhaben, und wir zwei, deine unterwürfigen Dienerinnen, befürworten deine Entscheidung."

Der Bischof war sehr verwundert, als Guda und Isentrud ihm wortgetreu Elisabeths Antwort vortrugen.

„Ich werde noch einmal mit ihr sprechen", sagte er darauf ernst.

Noch am selben Tag besuchte er Elisabeth. Er streichelte ihre weißen Hände.

„Willst du wirklich niemandem diese Hände reichen?", fragte er sie. Es war ihm anzumerken, dass er eine große Überraschung bereithält.

„Niemandem, Hochwürden!"

„Was wäre, wenn ein mächtiger Herrscher um deine Hand anhalten würde?"

„Auch dann nicht!"

„Und wenn der größte Herrscher dich darum bitten würde, seine Frau zu werden?"

Elisabeth erblasste. Eine Ahnung beschlich sie.

„Der Kaiser persönlich?"

Elisabeth zitterte vor Aufregung.

„Ja, Kaiser Friedrich II. Er ist Witwer, seit seine Frau, die Kaiserin Isabella, verstorben ist. Und nun bittet er um deine Hand."

Schnell fing Elisabeth sich wieder. Aufrecht stellte sie sich vor den Bischof und sprach feierlich:

„Lieber Onkel, ich hatte einen Mann, der mich ehrlich liebte und der gleichzeitig mein bester Freund war. Ich hatte große Macht und große Achtung wurde mir zuteil. Schätze, wertvollen Schmuck, Reichtum nannte ich meins. Auch konnte ich an den irdischen Vergnügungen teilnehmen. All diese Wohlhabenheit ließ mich erkennen, auch der größte Besitz auf dieser Erde ist nichtig, wertlos und vergänglich. Ist es nicht so, euer Ehrwürden?"

„So ist es, mein liebes Mädel!"

„Gott schenkte mir einen Sohn, den Thronfolger von Thüringen. Die Mädchen sind versorgt. Ich habe einen einzigen Wunsch, nämlich meinem Sohn seine rechtmäßige Thronfolge zu sichern. Wenn mir das gelingt, werde ich außer mit Jesus Christus, dem himmlischen Verlobten, mit niemandem eine eheliche Verbindung eingehen, und möge dieser der mächtigste Herrscher der Welt sein."

„Was wird werden, sollte ich sterben und sie verbannen dich wieder?"

„Wenn Gott es so entscheidet, wird es ein Leben in Christus sein und ich gewinne die Liebe meines himmlischen Verlobten."

Bischof Ekbert bedrängte Elisabeth nicht mehr weiter, es war ihm bewusst, es wäre vergebens gewesen.

Er lobte ihre eifrige Strebsamkeit und innige Überzeugung. Er bat sie, sie möge immer so eine treue Braut von Jesus Christus bleiben.

Ein paar Tage nach diesem Gespräch verließ er Pottenstein.

Elisabeth war erleichtert. Sie mochte und wertschätzte ihren Onkel, den Bischof Ekbert, und sie war ihm dankbar, weil er ihr die Burg Pottenstein und die Ländereien drumherum zur Verfügung stellte, und doch war sie froh, als er abreiste. Sie wusste, von jetzt an würde sie keiner mehr zu einer erneuten Heirat zwingen oder überreden wollen.

Es folgten erneut stille und glückliche Tage.

Elisabeth lebte mit ihren Kindern und dem Hofstaat unbehelligt und zurückgezogen auf der Burg Pottenstein. Niemand hinderte sie dabei, ihre eigenen Neigungen auszuleben. Ihr Bestreben war es, immer Gott nah zu sein. Auf Burg Pottenstein schuf sie ein Ambiente, wo das Beten und die Gottergebenheit ihren Raum hatten. Das viele Sühnen, die Selbstverleugnungen und Entsagungen hatten zur Folge, dass der Geist die Schwäche des Fleisches besiegte. Tag für Tag und Stunde um Stunde verbrachten alle, der Hofstaat, die Fürstin und ihre Kinder, in der Burgkapelle. Wie schöne Blumen öffneten sich ihre Herzen für ein göttliches und geistliches Leben.

Vor allem Herzogin Elisabeth wurde diese Schönheit zuteil. Immerwährend suchte ihre Seele die Nähe Gottes, deshalb entschied sie sich, an langen Prozessionen teilzunehmen. Auf diesen Bußgängen fand sie endlich Wohlbehagen, Ruhe und Leichtigkeit. Einer ihrer Pilgerwege führte sie nach Erfurt. Sie fand Unterkunft in einer engen Klause des Karmelitenklosters. Von dieser stillen Zelle aus besuchte sie die umliegenden Kirchen und betete vor den Reliquien der heiligen Märtyrer zu Gott.

Von Erfurt führte sie die Pilgerreise nach Andechs, von wo das alte Adelsgeschlechts ihrer Mutter stammte. Die alte, auf einem Felsen gebaute Burg war bereits zu damaligen Zeiten ein Benediktinerkloster.

Oben auf der Burg angelangt, fühlte Elisabeth sich nah bei Gott. Die vorbeiziehenden Wolken blieben manchmal an den hohen Gipfeln der umliegenden Berge hängen. In diese Wolken mischten sich Elisabeths flammende Gebete und segneten die schneebedeckten Gipfel, die in der Sonne glänzten. Von den hohen Fenstern des Klosters aus schaute sie nach Osten, wo sie in weiter Ferne ihre Heimat, die ungarische Ebene, vermutete. In ihr wurde die Erinnerung an die glückseligen Tage ihrer Kindheit wach und sie spürte eine süß-melancholische Sehnsucht nach ihrem Geburtsort, der so weit, so weit weg war. Doch das Schicksal ihrer Kinder verband sie mit dem deutschen Boden, und so sandte sie nur einen Seufzer in Richtung der alten Heimat:

„Gott sei mit dir! Gott sei mit dir! Ach, du schönes Heimatland, du bist so weit, so weit!“

Am Karfreitag, den 23. März 1228, entsagt Elisabeth dem irdischen Leben und legt vor dem Altar feierlich das Gelübde ab.

10.

In einer langen Kolonne bewegte sich ein außerordentlicher Feldzug durch die gewaltigen Tore der Bamberger Festung. Kriegerische, kampferprobte Kreuzritter näherten sich auf ihren Pferden der Bischofsstadt Bamberg. Ausdruckslos waren ihre Mienen. Der erste Reiter hielt ein großes, silbernes Ritterkreuz, besetzt mit erbsengroßen Rubinen, in der Hand.

In der Mitte des Heeres trabte ein schwarzes, mit Traglast beladenes Pferd. Vor den Türen der Domkirche stiegen einige Reiter von ihren müden Pferden ab und entfernten staubige Decken vom Rücken eines Rappens. Zum Vorschein kam der samtig rote Sarg mit den Überresten des in Otranto verstorbenen Fürsten Ludwig.

Der blonde deutsche Fürst wollte in seine Heimat gebracht werden. Seine treuen und gottesfürchtigen Ritter, die die dornigen Landschaften des Heiligen Landes durchwandert hatten, kamen und brachten mit demütigem Herzen die weißen Gebeine ihres Herrschers, damit diese nach seinem letzten Willen auf deutschem Boden ruhen konnten.

Bischof Ekbert in seinem schwarzen liturgischen Gewand erwartete den Trauerzug. Der Kirchenhof war voll mit trauernden geistlichen und weltlichen Würdenträgern, deutschen Grafen, Adeligen, Rittern und einfachen Bürgern. Die Menschenmenge war nicht zu überblicken. Es kamen Leute von überallher, um dem jungen Herzog die letzte Ehre zu erweisen.

Als die Ritter den Sarg schulterten, erklangen Klagelieder, und in der mit Kerzen und Fackeln erleuchteten Kirche waren die ganze Nacht Trauerpsalmen zu hören. Es wurde die Vergänglichkeit des irdischen Lebens besungen und gebetet, damit Gott sich der Seele des Herzogs erbarmen möge.

Am nächsten Tag erschien Fürstin Elisabeth.

Weinend brach sie über dem Sarg ihres Mannes zusammen.

„Mein Liebster und Einziger!", seufzte sie und umarmte den Sarg. Dann bat sie die Ritter darum, diesen zu öffnen, damit sie die sterblichen Überreste ihres Mannes sehen konnte. Ihrem Wunsch wurde Folge geleistet. Mit einem Schrei warf sich Elisabeth auf die weißen Knochen, die nach dem Einbalsamieren rochen.

„Ach Ludwig, du meine zarte Liebe", flüsterte sie in der Hoffnung auf ein Wiedersehen im Himmel und war gleichzeitig mit großer Traurigkeit erfüllt. Immer und immer wieder küsste sie die ihr so lieben Reliquien.

Der Bischof versuchte, sie vom Sarg wegzuziehen.

„Lasst mich!", war die entschiedene Stimme der Fürstin zu hören, „Gott allein gibt mir die Kraft, den Schmerz zu ertragen."

Sie sank über den irdischen Überresten ihres Mannes zusammen und betete.

„Gelobt seist Du, Herr“, flüsterte sie, „ich danke dir, dass du in deiner weisen Voraussicht mir dieses Wiedersehen ermöglicht hast. Du weißt, wie sehr ich meinen Mann geliebt habe, und du weißt, wie sehr er mich geliebt hat. Größer als die Freude der ganzen Welt war meine Freude mit ihm zu leben. Wie eine arme Bettlerin würde ich mit ihm durch die Welt wandern, wenn er es gewollt hätte, doch Du hast anders entschieden. Dann soll es so sein! Ich beuge mich Deinem Willen! Könnte ich ihn mit nur einem einzigen Haar von mir zum Leben erwecken, so würde ich es nicht tun, wenn Du, oh Gott, es nicht wollen würdest.“

Die Trauergemeinde hörte erschüttert den überwältigenden Worten zu, Worte voller echter Unterwürfigkeit und Gehorsams. Heller als jede Fackel spiegelten sie die geistige Größe der in der Blüte ihres Lebens stehender zwanzigjährigen Witwe wider.

Für eine lange Zeit versank Elisabeth ins Gebet. Während der Totenmesse kniete sie. Als die Zeremonie vorbei war, ging sie in das nahegelegene Kloster.

*

„Ich würde gerne mit den treuen Rittern meines Mannes sprechen“, verlangte sie, und bald sammelten sich um sie die aus dem Heiligen Land zurückgekehrten Kreuzritter.

Elisabeth empfing sie im Klostergarten.

Elisabeths Stand entsprechend, näherten sich die bedeutenden Männer der Witwe des verstorbenen Fürsten mit Hochachtung und verbeugten sich vor ihr.

Der Fürst galt als der umgänglichste unter den Landgrafen, Adeligen und den Mächtigen. Angeführt wurden die Ritter von Berthold, Ludwigs treuem Hof- und Burgkaplan, und den Vertrauten Ludwigs. Tief bewegt erzählten sie der Fürstin, wie Herzog Ludwig sich von dieser Welt verabschiedet hatte und wie anders als geplant der ganze Kreuzzug verlaufen sei. Mit Tränen in den Augen hörte Elisabeth zu. Dann erzählte sie:

„Auch hier zu Hause gab es traurige Zeiten!"

Die mächtigen Adeligen hörten zu und machten grimmige Gesichter. Sie hatten bereits einige Gerüchte über Elisabeths Verbannung vernommen.

„Eure Hoheit, erzählen Sie uns ganz genau, was geschehen ist. Wir möchten alles erfahren!"

Elisabeth erzählte ehrlich und ohne Vorwürfe, wie sie und ihr Sohn der Erbrechte und des Besitzes beraubt wurden; ferner, wie sie und ihre Kinder nicht nur von der Burg und aus Eisenach verbannt wurden, sondern auch aus dem Land Thüringen, und sie erzählte auch davon, wie Fürst Heinrich ungerechtfertigt die Thronfolge angetreten habe und wie er die Rechte des armen, vaterlosen Kindes mit den Füßen trat. Die Ritter konnten ihren Ohren nicht trauen. Was sie da hörten, erzürnte sie sehr.

Bischof Ekbert sagte dazu ernsthaft:

„Das ist wirklich passiert."

Die tapferen Krieger, die noch immer unter dem sagenhaften und himmlischen Eindruck standen, den das Heilige Land in ihnen hinterlassen hatte, erinnerten sich schließlich gut daran, wie Fürst Heinrich beim Abschied seinem älteren Bruder feierlich schwor, die Rechte der Herzogin und des kleinen Thronfolgers zu verteidigen. Sofort entschieden sie, Rache zu nehmen.

„Er hat sein Gelübde gebrochen!"

„Er hat seinen Schwur gebrochen!"

„Verräter!"

Der Bischof versuchte alle zu beruhigen.

„Habt Geduld, liebe Gläubige! Erst sollten wir die feierliche Zeremonie der Beisetzung hinter uns bringen. Vorher sollten wir nicht handeln und im Zorn schon gar nicht. Wir werden in Ruhe überlegen, was zu tun ist. Ihr sollt euch benehmen wie echte Christen."

Die einflussreichen Adeligen murrten zwar, gehorchten aber dann und entfernten sich aus dem Garten. Sie beschlossen, sofort nach der Trauerzeremonie mit Fürst Heinrich und seinem verräterischen Hofstaat abzurechnen.

Dann fand die feierliche Beisetzung statt.

Ganz Thüringen, darunter Grafen und Bauern, Reiche wie Arme, alle machten sich auf den Weg nach Reinhardsbrunn. Dort wurde im Kloster Reinhardsbrunn, dem Hauskloster der Ludowinger, auch Fürst Ludwig beigesetzt. Elisabeth folgte dem roten Sarg, und es erklangen traurige Gesänge.

Vor dem Benediktinerkloster standen Fürst Heinrich mit seinem Hofstaat sowie Fürstin Sophia. Als der Sarg dort ankam, trafen Elisabeth und ihre Kontrahenten vor der Kirche aufeinander. Die Augen der Witwe schauten nicht von dem Sarg auf. Sie betete innigst um das Seelenheil ihres geliebten Ehemannes. Sie bemerkte nicht die blassen, fassungslosen Gesichter der Fürstin Sophia und ihrer Söhne. Auch sie alle schauten bewegungslos auf den Sarg. Das schlechte Gewissen regte sich in ihnen. Es war ihnen bewusst: Sie hatten Unrecht getan. Sie hörten die bewegungslosen Lippen des Verstorbenen sagen:

„Was habt ihr mit meiner Frau und meinem Sohn gemacht?"

Dann erklangen die Litaneien der Priester. Traurig verbreitete sich der Ton der Holzflöten, dunkel ertönten die Trommeln, und die Fahnen mit dem Wappen der Ludowinger wehten im Wind, als sie den Sarg in das steinerne Grab legten.

„Gott sei mit dir, Ludwig!", weinte seine Mutter, und ihr Herz war schwer vor Trauer.

„Auf Wiedersehen im Himmel", seufzte die fromme Elisabeth, während sie betete.

Und es kam die Zeit der Abrechnung.

Fürstin Sophia und ihre beiden Söhne bewohnten die oberen Räume des Klosters. Elisabeth dagegen begnügte sich mit einer kleinen Klosterzelle. Sobald die Familien von Fürstin Sophia und Fürst Heinrich ihre Räume erreicht hatten, wurde ihnen mitgeteilt:

„Hier sind die Großmeister des Deutschen Ritterordens. Sie sind zurück vom Kreuzzug. Eure Hoheiten, ihr könnt deren Rache nicht entgehen."

„Sie mögen kommen!", sagte Fürst Heinrich, ganz blass im Gesicht.

Die Abgesandten des Ordens traten mit ernsten Mienen in den Saal des Klosters. Unter ihnen waren auch ehemalige ranghohe Würdenträger: der Mundschenk Gautier Varilla, Rudolf Barstaedt und Hartwig Herba. Der junge Rudolf Varilla, der Sohn des bedeutenden Mundschenks, trat vor die Fürstenfamilie. Trotz spiegelte sich in seinen Augen.

„Eure Hoheiten Fürst Heinrich und Fürstin Sophia", sagte er mit harter Stimme, „die hier anwesenden tapferen Krieger haben mich beauftragt, in ihrem Namen zu sprechen. Als wir vom Kreuzzug durch das fränkische und thüringische Land nach Hause ritten, hörten wir von unsäglichen Dingen, die hier passiert sind. Wir waren entsetzt und wurden rot vor Scham. Was haben Sie getan, junger Fürst? Wer hat Ihnen den üblen Rat gegeben, die Frau Ihres Bruders, die in Schwarz gehüllte Witwe, die Tochter des großen ungarischen Königs, wie eine gemeine Sünderin zu vertreiben? Genau diese zu beschützen und sie zu trösten wäre Ihre wichtigste Aufgabe gewesen. Ihr habt Elisabeth verboten, dass sie sich in Eisenach niederlässt. Damit war sie gezwungen, mit ihren Kindern betteln zu gehen … Haben Sie sich solches Verhalten von Ihrem Bruder abgeschaut? Als er sich für den Kreuzzug entschied und im Heiligen Land für den christlichen Glauben kämpfen wollte, dann unterwegs dorthin sein Leben lassen musste, da haben Sie den aufrichtigsten jungen Herzog verraten. Sie haben Treueeid geleistet, die Waisen und Witwen zu beschützen. Und dann haben Sie gerade die Witwe ihres Bruders und deren Kinder in die Verbannung geschickt. Sieht so Ihre Ehrlichkeit und ritterliche Treue aus? Ihr Verrat schreit nach Vergeltung!“

Varilla hielt für einen Moment inne. Fürst Heinrich standen Entsetzen, Angst und Beklemmung ins Antlitz geschrieben. Die Worte des jungen Mannes waren wie Faustschläge ins Gesicht der Schuldigen.

„Wieso habt Ihr vor dieser armen, bemitleidenswerten Frau Angst?“, setzte in einem scharfen Ton Varilla fort, „sie hatte im fremden Land keine Freunde und keine Verwandten. Welchen Schaden hättet Ihr erlitten, wenn diese fromme, gottesfürchtige Frau im Besitz der Güter in Thüringen wäre? Was wird die Welt zu Eurem Tun sagen und was hier zuhause die arme Bevölkerung? Ihr habt Euch Gottes Zorn zugezogen! Ihr habt Euch und ganz Thüringen entweiht und habt Euren Fürstennamen beschmutzt. Ihr müsst Gott und die glaubensstarke Fürstin um Verzeihung bitten und sich mit ihr versöhnen, und Ihr müsst den Schaden, den Ihr der Fürstin und ihren Kindern zugefügt habt, wieder gut machen. In anderem Fall werdet Ihr erzittern vor der Wut Gottes, der ganz Thüringen in Staub zermalmen kann.“

Über diesen Worten brach die Fürstin Sophia weinend zusammen. Fürst Heinrich neigte den Kopf, und auch er kämpfte mit den Tränen.

„Ich habe gesündigt“, sagte er niedergeschlagen, „ich hätte den Tod verdient. Gerne möchte ich alles wiedergutmachen, wenn Elisabeth mir nur verzeihen kann.“

„Sie werden sie um Verzeihung bitten! Nur auf diese Weise können wir Gottes Zorn von uns abwenden.“

„Aber bedenkt: Wenn Elisabeth ganz Deutschland bekäme, sie würde auch dann das ganze Besitztum unter den Armen verteilen!“, traute sich Fürst Heinrich zu bemerken.

„Das ist dann allein die Sache von Elisabeth!“

Die gesandten Ritter eilten nun zu Elisabeth und berichteten ihr, was vereinbart worden war.

„Ich will nichts haben. Burgen, Städte, Ländereien mögen weiterhin in den Händen von Fürst Heinrich und seiner Familie bleiben. Ich will nur das Recht für meinen Sohn auf die Thronfolge. Von meiner Mitgift nehme ich nur so viel mit, dass ich mein Seelenheil und das meines Mannes erkaufen kann, alles für die Ehre Gottes!“

Varilla und seine Begleitung sprachen erneut bei Fürst Heinrich vor und unterbreiteten ihm Elisabeths Worte.

„Dann wollen wir gemeinsam zu ihr gehen“, sagte Heinrich gerührt. Als Elisabeth sie sah, stand sie auf.

„Bitte verzeihe uns“, bat Heinrich und faltete die Hände als Ausdruck der demütigen Bitte. Das Gleiche taten auch Fürstin Sophia und Fürst Konrad.

Elisabeth hatte ihnen von ganzem Herzen verziehen. Seinen Feinden zu verzeihen ist eine große Tugend. Sie ist eine Krone des Christentums. Mit Tränen in den Augen umarmte die ungarische Prinzessin ihre deutschen Verwandten. Diese baten zutiefst bewegt

Elisabeth unter anderem auch deswegen um Verzeihung, weil sie ihren eigenen Seelenfrieden wieder erlangen wollten.

„Gott möge euch allen verzeihen", sagte ganz ruhig Elisabeth.

Sie einigten sich hinsichtlich der materiellen und anderen Sachverhalte. Dem jungen Hermann wurde sein Recht auf die Thronfolge wieder zurückgegeben. Bis zu seiner Volljährigkeit sollte sein Onkel Fürst Heinrich die Geschäfte führen. Elisabeth und die Kinder sollten wieder auf der Wartburg wohnen.

Herzogin Elisabeth schaute gerührt und mit Freude auf die dunkle Festung der Wartburg. Am meisten freute sie sich darüber, wieder die Zufluchtsstätte und die Krankenhäuser, die sie gebaut hatte, besuchen zu können sowie die Kranken zu pflegen und unter den Armen milde Gaben zu verteilen. Als die Neuigkeit sich verbreitet hatte, dass die Herzogin Elisabeth zurück auf der Wartburg sei, kamen viele herbei. Die Bevölkerung von Eisenach freute sich, weil ihre Wohltäterin wieder da war. Das Volk wusste, es wird niemandem etwas geschehen, denn alles Leid, das sie ihr angetan hatten, und die Erniedrigungen, die sie wegen ihnen hatte ertragen müssen, all das hatte Elisabeth ihnen verziehen.

Eine Zeit lang lebte Elisabeth zufrieden ihr gottgeweihtes Leben auf der Wartburg, und keiner behinderte sie in ihrem Tun. Staats- und Leitungsaufgaben sowie den ganzen Protz überließ sie gerne Fürst Heinrich und seinem Hofstaat. Jeden Tag ging sie in die Zufluchtsstätte für die Waisenkinder. In den Krankenhäusern schaute sie nach den Kranken und verteilte vor den Toren der Wartburg reiche Almosen. Weil sie nun ihre Liebe zu Gott und ihre Barmherzigkeit ausleben durfte, strahlte ihr jugendhaftes Gesicht in himmlischer Freude. Diese ihre Zufriedenheit gab ihren deutschen Verwandten wiederum Anlass für Bemerkungen.

„Sie hat ganz schnell ihren Mann vergessen!", sprachen sie verächtlich.

„Wieder ist sie verschwenderisch und übermäßig großzügig mit den Schenkungen an Arme."

Das waren wieder die alten Vorwürfe. Die junge Fürstin antwortete nicht darauf. Sie lebte fromm, und wenn ihr Herz immer wieder durch die irdischen Beleidigungen gekränkt wurde, suchte sie Trost bei Gott.

Und auch auf der Erde wurde ihr Trost zuteil.

Bischof Ekbert schrieb noch in der Zeit, als Elisabeth auf Pottenstein weilte, dem Kardinalbischof Ugolino del Conti di Segni von Ostia, der im Jahre 1227 zum Papst Gregor IX. berufen wurde. Darin beschrieb er genaustens Elisabeths Situation. Der Papst ließ seine Antwort der jungen Fürstin auf die Wartburg zukommen. Mit väterlichen Worten bestärkte er sie, ihrem Mann treu zu bleiben, geduldig die Erniedrigungen zu ertragen und sich als Vorbild die Heiligen zu nehmen. Er versprach, Elisabeth und ihre Wohlfahrtspflege unter den Schutz des Heiligen Stuhls zu nehmen. Für die geistliche Führung und die Verwaltung materieller Güter würde er ihr Magister Konrad von Marburg schicken.

Dieser Brief des Oberhauptes der katholischen Kirche erfüllte Elisabeth mit unbeschreiblicher Freude. Sie fand Gefallen daran, dass Magister Konrad, der als Inquisitor einige Jahre außerhalb Thüringens wirken musste, nun zu ihr zurückkehren und ihre religiöse Führung übernehmen würde.

„Zu dir, o Gott, erhebe ich meine Seele", stieß Elisabeth einen Seufzer hervor. Sobald der Name des Magister Konrad wieder präsent war, entschied Elisabeth sich für gänzliche Entsagung vom Diesseits. Sie strebte nach Vollkommenheit, dem Ziel des Christentums.

In der dunklen Kapelle der Wartburg dachte sie viel über die Vergänglichkeit auf der Erde nach und überlegte, welche Richtung ihr Leben nehmen sollte.

Sie hatte erreicht, dass ihren Kindern die Rechte wiedergegeben wurden, die ihnen zustanden. Damit hatte sie ihre mütterliche Pflicht erfüllt. Sie selbst war weder an Macht noch an irgendeiner anderen Art der Herrschaft interessiert. Ihre Verwandtschaft durfte sie nicht mehr von der Burg und aus Thüringen verjagen, auch wenn sie hinter ihrem Rücken schlecht über sie redeten, sie für dumm hielten und sie von oben herab behandelten. Elisabeths deutsche Familie konnte ihre Einfachheit, ihre Demut, ihr Wohlwollen den Armen und Kranken gegenüber nicht verstehen. Die Lehren des Franz von Assisi drangen noch nicht durch die dicken Wände der Wartburg.

Was sollte sie tun?

Auf der Wartburg wollte sie nicht bleiben. Eine Möglichkeit war, in ein Kloster zu gehen, die andere, sich den Lehren der Franziskaner anzuschließen, durch die Welt ziehen und als arme Bettlerin überall um das tägliche Brot betteln.

Sie wollte es wert sein, so zu leben wie die minderen Brüder.

Elisabeths Beichtvater wollte jedoch nicht, dass Elisabeth in ein Kloster ginge oder den Franziskaner Ordensbrüdern nacheiferte. Er verbot ihr sogar, darüber nachzudenken. Sie gehorchte und lebte tugendhaft ein ganzes Jahr unter ihren deutschen Verwandten. Ihre Seele gehörte Gott und in ihrem Herzen wehte die Brise der Erinnerung an ihren verstorbenen Mann. Mit Liebe dachte sie an ihre wunderbar gedeihenden Kinder und an die Kranken. Doch ihren Verwandten war sie ein Dorn im Auge. Dem Hofstaat wäre es recht, wenn er sie loswerden könnte. Dann würden sie wieder große Feiern veranstalten können und müssten nicht auf ihrem prachtvollen Fürstenhof die in abgewetzte Witwenkleider eingehüllte „lebende Heilige" dulden. Wegen ihr strichen um die Mauern der Wartburg viele Bettler und Kranke herum. Oft konnten die Höflinge ihre große Verdrossenheit kaum noch zurückhalten.

Elisabeth wäre es egal gewesen, verachtet, beschimpft und bedrängt zu sein. Wären da nicht ihre Kinder gewesen. Auf keinen Fall wollte Elisabeth vor deren Augen herabgewürdigt werden.

„Gut, also werde ich gehen", sagte sie zu sich selbst, ich werde dem dritten Orden der Franziskaner beitreten."

Magister Konrad von Marburg, der strenge, erbarmungslose Beichtvater, gab endlich nach. Er erlaubte Elisabeth, die Wartburg zu verlassen, ihre Führungsrolle einer Fürstin abzugeben, den weltlichen Dingen abzusagen und an einem geheimen Ort ihr Leben Gott zu weihen. Auf keinen Fall aber gestattete er ihr, in ein Kloster zu gehen oder als arme Bettlerin barfuß zu Wallfahrtsorten zu pilgern.

Als Rückzugsort wählte Elisabeth die am äußersten Rand des Landes Hessen gelegene Marburg.

Die deutsche Verwandtschaft nahm mit Freude zur Kenntnis, dass Elisabeth auf die Marburg ziehen wollte. Alle willigten in den Plan Magister Konrads ein, die Marburg und die Einnahmen von den Marburger Ländereien Elisabeth zu überlassen. Die Einkünfte aus den Ländereien brachten jährlich ca. 2000 Silbermünzen[9] ein. Dazu steuerte Fürst Heinrich zusätzliche 500 Silbermünzen bei, damit die Burg nach Elisabeths Wünschen umgebaut werden konnte.

Elisabeth dankte den ihren für die Fürsorglichkeit und dachte nur noch darüber nach, wie sie an dem neuen Ort wieder den Armen helfen können würde.

Nur einen Schmerz konnte sie nicht besiegen, den Gedanken, was aus ihren Kindern wird. Sie konnte ihre Liebsten nicht mit auf die Marburg nehmen, dem

---

[9] Das waren damals die Brakteaten. Mittelalterliche Brakteaten sind einseitig aus dünnem Silberblech geprägte Pfennige mit einem Durchmesser von 22 bis 45 mm. Das Münzbild erschien in einem hohen Relief, während die Rückseite hohl blieb. (Anm. der Übersetzerin)

Ort des Gehorsams und der Selbstverleugnung. Genauso brachte sie es nicht übers Herz, die Kinder auf der Wartburg zu lassen. Dort wären sie der boshaften Verwandtschaft ausgeliefert gewesen, die fähig wäre, die Seelen der unschuldigen Kinder mit Gehässigkeit zu vergiften.

*

Lange Zeit zermarterte sie sich über alles den Kopf, bis sie schließlich über das Schicksal ihrer Kinder entschied. Ihren Sohn, den Thronfolger Hermann, sowie die Tochter Sophie schickte sie nach Creuzburg. Dort sollten sie standesgemäß erzogen werden. Gertrud vertraute sie den Ordensschwestern des Prämonstratenserinnenklosters Altenberg bei Wetzlar an. Dort sollte sie erzogen werden und den weißen Schleier der Novizinnen anziehen. Das hatte sie mit ihrem verstorbenen Mann vor seiner Abreise so besprochen. Dieser Wunsch der beiden Eheleute ging dann auch in Erfüllung, Gertrud wurde später Äbtissin in diesem Kloster.

Bevor Elisabeth die Wartburg endgültig verließ, besuchte sie am Karfreitag, den 23. März 1228 die Franziskanerkapelle in Eisenach. Nach dem Vorbild des jungen Franz von Assisi entsagte sie dem irdischen Leben und legte vor dem Altar feierlich das Gelübde ab. Der Altar war völlig leer, es befanden sich außer brennenden gelben Kerzen keine Kostbarkeiten darauf. Neben dem Altar verfolgten Magister Konrad und die Ordensbrüder die Zeremonie.

Elisabeth kniete vor dem Altar nieder. Der Ordensbruder, der dafür ausgewählt worden war, Elisabeths Gelübde entgegen zu nehmen, hielt das Kreuz mit dem Korpus Christi in die Höhe, während Elisabeth das Gelöbnis sprach:

„Aus Liebe zu Christus entsage ich meinem eigenen Willen, meinen Kindern, den Freunden, der Maßlosigkeit der Welt, meinem Vermögen, …“

Entsetzt fiel ihr Magister Konrad ins Wort:

„Deinem Vermögen kannst du nicht entsagen. Du brauchst es für dein Seelenheil und für die Versorgung der Armen.“

Damit entsprach das Gelübde nicht ganz den Leitsätzen der Franziskaner. Trotzdem beugte sich Elisabeth gelassen dem bedingungslosen Willen ihres gebieterischen Beichtvaters.

Es folgte der Abschied von der Wartburg.

In Begleitung ihrer treuen Hofdamen Guda und Isentrud machte Elisabeth sich in Richtung Marburg auf. Dort wollte sie die Träume des Franz von Assisi verwirklichen. Sie wollte der sündigen, geistig leeren Welt die Evangelien der Armut und der Demut nahebringen. Sie selber wollte die Ärmste und Demütigste unter allen sein.

Die Fürstin wurde auf der Marburg mit wenig Begeisterung empfangen. Elisabeths Wartburger Verwandte hatten die Marburger ranghohen Würdenträger gegen Elisabeth angestachelt, über sie gelogen, und so sahen diese in der jungen Witwe eine irre Frau, die sie selbst gerne loswerden würden. Die Adeligen von

Marburg freuten sich nicht über Elisabeths Ankunft. Umso mehr erfreut waren darüber die Armen, die bereits davor die junge, berühmte, legendäre, ehrwürdige Fürstin als ihr Ideal, als ihren guten Engel aus Thüringen angesehen hatten.

Elisabeth interessierten die Meinungen dieser Welt nicht mehr. Mit der Feuerflamme der Liebe, die sie für Gott empfand, fing sie an, die Taten der Barmherzigkeit zu vollbringen.

Zuerst versuchte sie ein Bauvorhaben zu verwirklichen. Für sich ließ sie in Wehrda, einem armen Teil nahe der Marburg, ein ärmliches Häuschen bauen. Als dieses fertig war, siedelte sie mit ihrem Gefolge dorthin.

Dann hatte sie den Plan, ein Hospital für Schwerkranke zu bauen. Den Grundstein dafür legte sie in der Nähe der Kapelle des Franziskanerordens. Dieses Krankenhaus machte Marburg später zu einem der wichtigsten Orte des Landes Hessen. In dem Krankenhaus pflegte sie Schwerst- und Leprakranke. Sie wurde dort zur Hauptbezugsperson, nicht durch ihre Position, sondern durch die Pflege der Patienten, die am stärksten Gestank, Schrecken und Ekel verbreiteten. Mit dem Mut einer Heldin suchte sie immer die Elendsten der Elenden als ihre Patienten aus. Jemand anderer würde bereits beim Anblick so gezeichneter Kranker in Ohnmacht fallen, nicht so Elisabeth. Die Krankenpflege erledigte sie mit einer so großen und aufopfernden Liebe, zu der bisher kein Heiliger während seiner Lebzeit fähig war.

Die Lehre des heiligen Franz von Assisi, den eigenen Besitz vollständig unter die Armen zu verteilen, versuchte sie wörtlich zu nehmen und entsagte wirklich allem. Elisabeth wollte im diesseitigen Leben keine Belohnung, sie strebte nach Gottes Lohn.

Als Magister Konrad vom Fürsten Heinrich die 500 Silbermünzen für den Umbau der Marburg bekommen hatte, verkündete Elisabeth in der Umgebung die Nachricht, in Wehrda werde eine große Schenkung stattfinden. Daraufhin sammelten sich dort Tausende von Menschen, um aus Elisabeths Händen einen Teil der Almosen überreicht zu bekommen. Elisabeth musste vermeiden, dass Missbrauch getrieben wurde. Deshalb drohte sie mit der Bestrafung eines jeden, der versuchen sollte, zweimal um eine Zuwendung zu bitten. Ihre Anordnung lautete: Demjenigen, der zu betrügen versuchen sollte, würden die Haare abgeschnitten werden. Alles lief glatt, bis ein Mädchen mit dem Namen Hildegund zweimal zum Betteln kam. Die Wächter hatten die Strafe sofort vollzogen und schnitten dem Mädel die Haare ab. Das Mädchen weinte bitterlich und erklärte, sie käme das zweite Mal im Namen ihrer Schwester, die krank sei und deshalb zu Hause bleiben musste, und nie hatte sie im Sinn gehabt, zu betrügen. Sie wurde Elisabeth vorgeführt. Die Fürstin betrachtete lange das wunderschöne Mädchen.

„Hast du einmal daran gedacht, ins Kloster zu gehen?“, fragte die Fürstin sie.

„O doch!“, erwiderte das Mädchen, „nur hat es mir immer leidgetan, mein schönes Haar zu opfern.“

Elisabeth blickte zum Himmel hinauf.

„Ich freue mich mehr darüber, dass dir die Haare abgeschnitten wurden. Mehr, als wenn mein Sohn Kaiser geworden wäre! Nun gehörst du nur noch Gott."

Das Mädchen blieb bei Elisabeth. Sie legte den Schleier an und wurde eine der fleißigsten Pflegerinnen im Hospital nahe der Marburg.

Die Schenkung zog sich noch bis zum Abend hin. Elisabeth hatte neben dem materiellen Almosen ihre Bedürftigen mit noch wichtigeren Gütern beschenkt, nämlich mit Mitgefühl und Trost. Sie ermutigte die Starrköpfigen und Verbissenen zur Besserung und war damit in den meisten Fällen erfolgreich. Als es dunkel wurde und einige nicht mehr nach Hause konnten, ließ sie Feuer machen, damit diese Menschen sich wärmen konnten. In der Stille der Nacht trat sie zu ihnen und verteilte noch das restliche Geld. Dabei passte sie auf, dass die Kinder die gleiche Summe bekamen wie die Erwachsenen. Bei dem flackernden Licht des Feuers erschien ihre königliche Gestalt bereits damals wie die einer Heiligen. So schritt sie unter den Armen. Diese küssten den Saum ihrer Kleidung, fielen vor ihr nieder und sprachen:

„Elisabeth, bete für uns!"

Als alles vorbei war, zog sich Elisabeth mit ihrem Gefolge zurück in ihre ärmliche Wohnung. Doch sie legte sich nicht zur Ruhe. Durch die friedvolle Nacht waren Dankeslieder der Armen zu hören.

„Könnt ihr das hören?", fragte die Fürstin ihre Gefolgschaft, „ich habe euch schon oft gesagt, dass die

Menschen so glücklich wie möglich gemacht werden müssen!“

Als in Elisabeths Seele sich die Blumen des Franz von Assisi zu öffnen begannen, wollte sie auch in ihrem Äußeren dem großen Geistlichen gleichen. Ihr Wunsch ging recht bald in Erfüllung. Magister Konrad erklärte sich damit einverstanden, dass Elisabeth das Habit der Franziskaner anzog.

Das bewegende Ritual fand in der Franziskanerkapelle in Marburg statt. Während der heiligen Messe, die Magister Konrad gestiftet hatte, schnitt der Obere der Minderbrüder, der Guardian Burghard, der vor dem Altar knienden Fürstin ihre wunderschönen Haare ab. Danach kleidete er sie in das grobe Habit der Franziskaner, band den Strick um ihre Taille und zog ihr die Schuhe aus, damit sie ab sofort nach dem Vorbild der Minderbrüder barfuß liefe.

Das Habit der Franziskaner zog auch Guda an.

Niemals hätten die weltlichen und geistlichen Gelehrten einen glücklicheren Menschen finden können, als es Elisabeth in diesem Moment war! Es gab ihn nicht! Die Tochter des mächtigen ungarischen Königs, Herzogin von Thüringen, auf deren Haupt die Krone des Heiligen Römischen Reiches prangen könnte und auf deren Schultern der lange, karminrote Mantel liegen könnte, dessen Schleppe die prachtvoll angezogenen Pagen tragen würden; sie, die in silbernen Schuhen auf seidenen und wollenen Teppichen schreiten hätte können; sie trug das graue Habit des „Il Poverello“ und war glücklicher als jede Königin der Welt. Ihre einfache Unterkunft in Marburg, das Hospital und die Armen würde sie nicht für die glanzvollsten Paläste der Welt tauschen.

„Ave, monte Alverna!“

„Ave, mons Marburgensis!”

„Ave, Il Poverello!”

„Ave, Elisabeth von Ungarn!”

Am Himmel leuchteten die Sterne wie perlmuttfarbene Erscheinungen, während Elisabeth sich im Antlitz Gottes verlor.

Elisabeths Selbstaufopferung, ihre Absage allem Irdischen waren bereits so groß, dass sogar Magister Konrad sie beim Ausüben der heroischen Tugenden bremsen musste. Über das Perfektionieren der Tugenden vergaß sie sich selbst und alles, was um sie herum war. Sie widmete sich gänzlich den Armen und Kranken und hätte auch ihr letztes Silberstück an Bedürftige hergegeben. Hätte der Beichtvater ihr nicht verboten, soviel Geld auf einmal zu verschenken, müsste sie um ihr tägliches Brot betteln gehen. Und doch siegte Elisabeths Liebe zu den Mittellosen über den strengen Befehl Konrads. Den Hungerleidenden gab sie nur eine Silbermünze und versetzte die Gabe mit den Worten:

„Es wurde mir verboten, auf einmal mehr zu geben! Doch es wurde mir nicht verboten, so oft zu geben wie ich will.“

Die Bettler legten ihre Worte richtig aus. Sie gingen ein paar Mal um das Krankenhaus oder um die Kirche und kamen dann zurück, um eine neue Silbermünze zu holen, die Elisabeth ihnen mit Freude gab. Als Magister Konrad davon erfuhr, verbot er Elisabeth Geld zu verschenken. Und so konnte die Fürstin ihren Bedürftigen nur noch Brot und andere Nahrungsmittel sowie Kleidung schenken. Das tat sie in solchem Maße, dass sie ihre geliebten Notleidenden befriedigen konnte.

Die Wohltätigkeiten, die Elisabeth im ganzen Land ausübte, wurden auch den Bürgern zuteil, die sie entweder nicht verdient hatten oder die es nicht wert waren, diese zu empfangen. Elisabeth besuchte oft die umliegenden Dörfer, um die Schwerstkranken in das Hospital bringen zu lassen. Einmal ließ sie eine werdende Mutter in das Krankenhaus bringen. Das Kind, das dann dort geboren wurde, taufte sie auf ihren Namen. Sie kümmerte sich um das Kleine und besuchte jeden Tag die Wöchnerin. Nach einem Monat Pflege kam die Mutter des Neugeborenen wieder zu Kräften. Sie bereitete sich vor, das Krankenhaus zu verlassen, da schenkte Elisabeth ihr ein paar von ihren Kleidern, Strümpfe und dazu noch zwölf Silbermünzen. Auch das Kind beschenkte sie reichlich. Abends verabschiedete sich die Frau von Elisabeth mit den Worten:

„Morgen früh kommt mein Mann und holt mich ab. Dann wollen wir gemeinsam ‚Auf Wiedersehen‘ sagen."

Am nächsten Morgen, während des Gottesdienstes, dachte Elisabeth an diese arme Frau. Sie überlegte, ob es nicht zu wenig war, was sie der Armen und ihrem Kind geschenkt hatte. Deshalb wandte sie sich nach dem Gottesdienst an eine der Hofdamen und sagte:

„Ich habe noch etwas Geld. Eile zu dieser armen Frau und gib ihr dieses Geld. Das kann sie für ihr kleines Kind bestimmt gut gebrauchen."

Die Dienerin kam zurück mit der Nachricht, die Frau und ihr Mann hätten das Krankenhaus verlassen, das Kind aber zurückgelassen. Elisabeth verlangte, ihr augenblicklich das Kleine zu bringen, und den Wachposten befehligte sie, die Frau zu finden. Sie selbst betete inbrünstig, die Wachleute würden die unverantwortlichen Eltern schnell zu fassen bekommen. Bald darauf brachte die Wache die beiden und führten sie Elisabeth vor. Der Ehemann wurde bestraft, der Mutter nahmen sie das Geschenkte weg. Elisabeth dagegen verzieh den Eltern. Erneut schenkte sie ihnen etwas und legte ihnen ans Herz, auf ihr Kindlein aufzupassen.

Auch eine andere kranke Frau nutzte Elisabeths Güte schamlos aus. Elisabeth pflegte diese Kranke in ihren eigenen Räumen. Sobald das Weib genesen war, verschwand es und nahm mit sich die schönen Kleider der Fürstin.

Elisabeth nahm ihr diese Undankbarkeit nicht übel, sie betrachtete diese Enttäuschung als Gelegenheit, um sich in Demut zu üben.

„Ich danke dir, Christus", sagte sie unterwürfig, „dass ich dir ähnlicher werden darf! Auch dir wurde die Kleidung genommen und du wurdest nackt ans Kreuz geschlagen!"

Der ungarische Palatin Bánfi besucht Elisabeth und findet sie in frommes Beten vertieft und am Webstuhl weben. „Was sehe ich da? Die Tochter meines Königs beim Weben?“

11.

Der bedeutende ungarische Palatin[10] Bánfi kam mit seinem prachtvollen Gefolge auf die Wartburg. Er verlangte, auf der Stelle zum Fürst Heinrich vorgelassen zu werden.

„Seid gegrüßt, Fürst!“, sprach ernst der ungarische Ehrenmann, „ich komme zu euch und bringe die Grüße meines hohen Herrn, des ungarischen Königs Andreas.“

„Ich bedanke mich für die überbrachten Worte!“

„Von den ungarischen Pilgern, die Aachen besucht hatten, erfuhren wir, dass Fürstin Elisabeth, die Tochter meines Königs, in der Verbannung an einem deutschen Ort lebt. Dort soll sie ständiger Aufstachelung und immerwährender Armut und Leiden ausgesetzt sein.

„So ist das nicht, hoher Herr!“, fiel ihm Fürst Heinrich ins Wort.

„Wie dann?“

„Elisabeth verließ den Fürstenhof freiwillig. Sie ist nicht mehr ganz dicht im Kopf. Sie verzichtete auf ihre standesgemäße Stellung und mischte sich unter Bettler,

---

10 Palatin ist der Name für den Stellvertreter des ungarischen Königs. (Anm. der Übersetzerin)

Kranke, Ekelhafte und Leprakranke. Denen verteilt sie nun ihr Geld, ihr ganzes Hab und Gut."

„Wo weilt sie jetzt?"

„Auf der Marburg", erklärte der Fürst und fuhr fort, „ich übergab ihr die Burg mit den Ländereien, obwohl ich wusste, dass sie auch dort alle Einnahmen verschwenden und unter die Bettler verteilen würde. Auch sie selbst lebt wie eine Bettlerin."

Der große Bánfi war sprachlos, als er die Worte des Fürsten vernahm. Er entschied sofort, er werde auf die Marburg reiten. Dort wollte er sich persönlich über Elisabeths Lebensart erkundigen. Als er an den Ort kam, der um die Marburg lag, ging er nicht direkt zu Elisabeth, sondern besuchte ein Wirtshaus, um sich dort nach ihr zu erkundigen. Er verriet nicht, wer er war.

Aus dem Mund des Wirtes prasselten nur so die Worte auf den großen Bánfi:

„O mein Herr, wir haben einen großen Schatz in unserer Frau Elisabeth! Sie ist für uns ein richtiges Geschenk Gottes! Sie könnte reich und mächtig sein. Die Fürsten kämpften um ihre Hand, doch sie wies alle ab. Aus reinster Liebe zu Gott und dem Franziskanerorden nahm sie von jeder Bedeutungslosigkeit der Welt abstand. Ihr Hab und Gut verteilt sie unter die Bedürftigen und in ihrem Hospital arbeitet sie als warmherzige Pflegerin. Ihre Güte, ihre Demut, die Barmherzigkeit – wie der Duft des Weihrauchs durchwehen sie das ganze Hessen. Auf der Welt gibt es keine tugendhaftere Frau als sie, keine, die es mit ihr aufnehmen könnte. Sie ist eine echte Königin der apostolischen Armut!“

„Bringt mich zu ihr!“, sagte Bánfi zu dem Wirt.

Der große Ungar betrat das Zimmer des ärmlichen Hauses, dessen Boden mit Ziegelsteinen bepflastert und kalt war und das eher einer Zelle glich. Dort sah er die Fürstin auf ihrem Webstuhl weben. Sie war ganz vertieft ins fromme Beten.

„Was sehe ich da!“, rief der große Bánfi aus, „die Tochter meines Königs beim Weben?“

Elisabeth drehte sich nach dem Besucher um.

„Wer bist du, guter Mann?“, fragte sie freundlich. Bánfi erzählte ihr, warum er gesandt worden war. Sein Herrscher, der König Andreas, wünscht, dass seine Tochter nicht weiter in Einsamkeit und Armut lebe. Sie möge nach Hause kommen, nach Ungarn. Dort erwarte ihre Familie sie und werde sie mit offenen Armen empfangen.

Lautlos kamen Tränen in Elisabeths Augen, sammelten sich in ihren Augenwinkeln und kullerten als dicke Tropfen über ihre Wangen.

In ihr kam die Erinnerung hoch: an ihre ferne Heimat; an ihre Brüder und Schwester; an das Schloss von Bratislava; an die mit Wäldern bewachsenen Hügel; die wunderschöne Donau in ihrer königsblauen Farbe; an die unendlich weite Ebene, die noch weit über Buda nach Osten hinaus reicht.

„Mein Gott“, flüsterte sie und wischte sich die Tränen ab.

„Wer trägt Schuld an Ihrer so bitteren Armut?“, fragte Bánfi, und setzte fort: „Es ist eine große Demütigung für den ungarischen König, seine Tochter wie eine echte Bettlerin in einer ärmlichen Hütte hausen zu sehen. Vor allem, wenn sie zu Hause unter vielen Burgen eine für sich aussuchen könnte? Nein, Eure Hoheit, so kann es nicht weitergehen!“, der wichtigste Mann des Königs erhob seine Stimme. „Sie können nicht weiter hierbleiben. Sie müssen zurückkehren nach Hause, um dort Ihren angemessenen Platz neben Ihrem Vater, dem König, einzunehmen.“

Die Fürstin überwand die Erregung, die die Erinnerung an ihre geliebte Heimat hervorgerufen hatte. Sie wischte ihre Tränen weg und sagte ruhig, doch entschieden:

„Danke dir, du edler Herr für das Überbringen der wohlwollenden Nachricht meines Vaters. Bis zu dem Tag, an dem ich einmal meine Augen für immer schließen werde und solange ich auf dieser Erde weile, werde ich für ihn und für meine geliebte ferne Heimat voller Glückseligkeit beten. Aber nach Hause werde ich nicht gehen.“

„Warum nicht?“, fragte der große Bánfi verständnislos.

„Mein Platz ist hier, auf immer und ewig! Für die Armut begeisterte mich niemand anderer als der sehr reiche Sohn des himmlischen Vaters selbst. Sein Vorbild lehrte mich, dem irdischen Reichtum zu entsagen und die Armut mehr zu lieben als alle Königreiche der Welt.“

„Sie lieben die Armut mehr als das Erbe des Vaters?“

„Das Erbe meines Vaters, des ungarischen Königs? Mir ist das Erbe Gottes, meines himmlischen Vaters, bestimmt, so hoffe ich. Hier auf der Erde brauche ich keine Hinterlassenschaft, außer meinen Kindern, das segensvolle Grab meines Mannes und die Armen, von denen es hier viel mehr gibt als in dem glücklichen, reichen Ungarn. Dieses Land hier wurde zu meiner zweiten Heimat. Wenn es mir gelingt, mit meiner aufrichtigen Liebe und meinen Taten nur dieses kleine Ländle hier zu beglücken, so will ich nichts anderes als Lohn erhalten als das Glück, Gott zu dienen.“

„Und Euer Vater?“

„Bitte richtet meinem Vater aus, dass ich diesen Platz hier, den viele verachten mögen, für keinen Palast der Welt tauschen werde. Hier bin ich glücklich. Mein Vater möge stolz sein darauf, dass eines seiner Kinder sein Leben ganz dem König widmet, der seinen Thron im Himmel errichtet hat und über alles herrscht.“

Kommt Ihr nicht nach Hause?“

„Nein! Und das ist mein unabänderlicher Wille.“

„Und was lässt Ihr den Menschen zu Hause ausrichten?“

„Sie mögen für mich, die arme Sünderin, beten. Auch ich werde für sie bis zu meinem letzten Atemzug beten!“

Der mächtige Bánfi sah ein, dass seine Mission keinen Erfolg haben würde. Tief beeindruckt hatte ihn die geistige Größe, die aus Elisabeth hier auf Erden eine ernsthafte und unbeugsame Frau gemacht hatte. Ehrfurchtsvoll verabschiedete er sich von ihr und kehrte zurück nach Ungarn. König Andreas hörte wehmütig den Schilderungen seines zurückgekehrten Abgesandten zu. Betrübt nahm er die Entscheidung seiner Tochter an. Ab diesem Zeitpunkt gab er den ungarischen Pilgern, die Richtung Aachen unterwegs waren, jedes Mal Geschenke mit. Sie sollten diese nach Marburg zu seiner gottesfürchtigen Tochter bringen. Einmal schickte er goldenes Geschirr, ein anderes Mal eine goldene Vase, dann wieder mit silbernen Fäden durchwebten Stoff und noch andere wertvolle Schätze. Alle diese Geschenke verteilte Elisabeth unter die Armen.

So verbrachte die Fürstin in Marburg ihre ehrbaren Tage. Sie trennte sich von allem, was sie ans Diesseits gebunden hatte. In ihrer Einsamkeit standen ihr nur noch zwei Menschen liebevoll zur Seite: Guda und Isentrud, ihre zwei treuen Hofdamen und Helferinnen beim Ausüben ihrer Werke der Barmherzigkeit.

Doch Magister Konrad, dieser erbarmungslose geistliche Lenker, hatte Elisabeth Kontakt zu ihren ihr herzlich zugetanen Freundinnen verboten.

Magister Konrad war kein engelsgleicher Beichtvater. Sein Wesen kannte keine Herzlichkeit. Im Grunde tat er alles zur Ehre Gottes und für das Seelenheil der Menschen. Die Mittel, die er dafür benutzte, waren der Zeit angemessen: hart, streng und sogar blutig. Als Inquisitor stand er für die Einheit des Glaubens ein, und so gesehen handelte er richtig. Er schreckte vor keiner noch so harten oder skrupellosen staatlichen Verordnung zurück. Ohne zu zögern, verurteilte er alle, denen er Häresie, Blasphemie oder Magie nachweisen konnte, denn all diese Vergehen schwächten die Kirche und die Einheit des Staates. Er verhängte Todesstrafen, und ohne mit der Wimper zu zucken schaute er zu, wenn die Ketzer auf dem Scheiterhaufen brannten. Das alles tat er nur, um das Seelenheil dieser Verräter zu retten. Die Todesstrafe hielt er für eine Art schmerzhafte Operation, die am infizierten Teil der Gesellschaft durchgeführt werden musste, damit die Gesellschaft im Ganzen heil blieb.

Jedermann war überzeugt, Konrad von Marburg hätte kein Herz. Und das war auch die Wahrheit! Wenn er schon die Sünde bis aufs Blut verfolgte, so müsste er mit dem Sünder barmherziger sein. Die Menschen hatten große Angst vor Konrad, dem Inquisitor. Zu Recht nannten sie ihn die Geißel Deutschlands, denn er war ein strenger, zwielichtiger und grausamer Asket.

Der Priester Konrad behandelte auch Elisabeth nach seinen strengen Prinzipien. Alle Mittel der Verleugnung und des Misshandelns waren ihm recht, nur um Elisabeth von dem irdischen körperlichen Befinden abzubringen. Er verordnete ihr das zwingende Tragen des Bußgürtels oder eines Ciliciums, was Elisabeth aber bereits früher getragen hatte. Dazu wurde sie unzählige Male geschlagen, ausgepeitscht, bekam Rutenschläge. Sie erduldete alle schmerzhaften, qualvollen und schaudererregenden Peinigungen. Oft ergriff sogar der Beichtvater persönlich diese Maßnahmen. Die blutigen Flecken auf dem grobgewebten Gewand der Fürstin und auf dem steinernen Boden ihres kleinen Zimmers zeugten von ihrem Gehorsam und ihrem Wunsch, Christus zu gleichen. Ihm zu gleichen nicht nur in Demut, Armut und der Liebe zu den Armen, sondern ihm ähneln, indem sie die Scham auf sich nahm, sich auspeitschen und mit Dornen krönen ließ.

Um noch die letzten Fäden, die Elisabeth an Diesseits banden, zu durchschneiden, befahl Konrad Guda und Isentrud, Marburg zu verlassen. Um die Geduld und Demut der Fürstin auf die Probe zu stellen, setzte er ihr zwei Frauen als Dienerinnen vor. Die eine war eine missmutige, rabiate, alleinstehende Frau von einfachem Stand und die andere eine unmanierliche alte Bäuerin. Keine der beiden, weder das schwerhörige alte „Fräulein" noch die bösartige Bäuerin, waren Elisabeth eine Hilfe. Sie widersprachen ständig, waren ungehobelt und arbeiteten an Elisabeth ihre eigenen Probleme ab. Und sie machten alles noch schlimmer, indem sie Elisabeth beleidigten und ihr das Herz schwer machten.

Elisabeth ertrug alles, ohne zu klagen.

Sie hatte nichts und niemanden mehr. Nur die Treue zu ihrem verstorbenen Mann und zu ihren Kindern bewahrte sie in ihrer Seele wie zwei teure Reliquien. Ansonsten bedeutete Gott ihr alles.

„Ich lebe, aber eigentlich bin das nicht mehr ich, Christus lebt in mir!"

Diese großartigen Worte machten sie zur treusten und wertvollsten Anhängerin des großen heiligen Franziskus von Assisi. Durch die Güte Gottes kam sie hinter das unerklärbare Geheimnis und die Macht der Visionen, der religiösen Ekstasen und Wunder. Als sie bereits das vollkommene christliche Leben lebte, als es für sie nur Gott gab und alles Irdische nur noch Schlacken und Treber war, da erwachte inmitten der Flammen der Verleumdung, des blutigen Ciliciums und des Auspeitschens eine verblüffende und fantastische Kraft in ihr, die sie strahlen ließ. Diese Kraft kam von Gott.

„Bei Gott ist nichts unmöglich", flüsterte sie demütig, als sie merkte, dass sie Macht über die Naturgesetze hatte.

Von diesem Zeitpunkt an passierten in ihrem Leben Wunder.

Eines Tages, als Elisabeth ins Krankenhaus ging, sah sie ein armes Kind zusammengekauert an der Wand lehnen. Der kleine Junge war taubstumm. Seine Gliedmaßen waren so verstümmelt, dass er sich nur noch auf dem Boden rutschend fortbewegen konnte. Die Mutter zog ihn über den Boden hinter sich her, und als sie zum Krankenhaus kamen, ließ sie ihn dort allein. Sie wollte nicht, dass Elisabeth sah, wer die Mutter dieses unglückseligen Wesens ist.

Elisabeth beugte sich zum Kind hinunter und sprach es liebevoll an. Der Junge antwortete ihr nicht, aber aus seinen Augen strahlte so viel Traurigkeit, Flehen und Vertrauen heraus, dass die Fürstin sofort sein Leid erkannte. Ihre Seele durchfuhr ein wunderbares, überirdisches Gefühl. Sie zögerte keinen Moment, sondern folgte gleich ihrer inneren Eingebung.

„Mit der göttlichen Macht von Jesus Christus gebiete ich dir, durchbreche dein Schweigen und rede! Erzähle, wer du bist und woher du kommst!“

Augenblicklich stellte sich das Kind auf die Beine.

„O Gott!“, das war das erste Wort, das aus seinem Mund kam. Auf Elisabeths zureden hin erzählte er kurz die elende Geschichte seines bitteren Lebens. Und dazwischen rief er immer wieder aus: „O Gott! O Gott!“

Elisabeth schaute glücklich und beseelt auf die wundersame Heilung des Jungen. Sie wollte nicht, dass das Wunder ihr zugeschrieben würde, mit anderen Worten, sie wollte nicht, dass irgendjemand auf den Gedanken käme, es sei auf ihre Fürbitten passiert. Dem Kind gab sie auch noch etwas Geld mit und bat den Jungen, nun nach seiner Mutter zu suchen.

„Den Eltern sollst du sagen“, meinte sie liebevoll zu ihm: „Gott hat dich geheilt. Danke Gott für Seine Gnade und vermeide die Sünden! Denke immer daran, wie sehr du bis jetzt gelitten hast. Und bete auch für mich!“

Und dann verschwand sie hinter den Türen des Krankenhauses.

Als die Mutter ihr geheiltes Kind sah, erstarrte sie und schaute ihren Jungen verwundert an. Auf ihre Frage zeigte der Junge nur auf die Tür vom Krankenhaus, hinter der Elisabeth gerade verschwand.

„Sie war es!“, rief er glücklich aus, dann knieten er und seine Mutter gemeinsam nieder und fingen an zu beten und Gott zu danken.

Bei einer anderen Gelegenheit machte Elisabeth sich auf den Weg, um einen armen Bettler aufzusuchen, der etwas weiter entfernt lebte. Unterwegs traf sie einen Lahmen, der seine Hände nicht bewegen konnte. Als dieser Elisabeth sah, rief er:

„Liebe Frau! Gütige Frau!"

Elisabeth blieb vor ihm stehen.

„Ich komme aus Reinhardsbrunn und von der Grabstätte deines seligen Mannes", erzählte der Arme und bettelte, „um seiner geistlichen und seligen Erinnerung willen erbarme dich meiner!"

In Elisabeths Innerem leuchtete für einen Augenblick das Antlitz ihres Mannes auf.

„Möge Gott dich heilen", sagte sie voller Unterwürfigkeit. Im gleichen Augenblick konnte der Kranke die Hände bewegen und streckte sie gegen den Himmel aus. Er war genesen.

Neben dem Marburger Hospital ließ Elisabeth auch eine Kapelle errichten. Sie ging regelmäßig hin zum Beten. Das tat sie am liebsten, wenn kein anderer in der Kapelle war, denn dann konnte sie ungestört und mit wachen Sinnen ihre Gebete sprechen. Eines Tages traf sie dort auf einen Mann, der sich an der Wand entlang vorwärts tastete. Elisabeth trat zu ihm und fragte ihn, was er in der Kapelle wolle.

„Ich suche die göttliche Fürstin", antwortete der Blinde, „ich will sie um Trost und eine milde Gabe bitten. Ich würde auch gerne wissen, wie lang und wie breit diese Kapelle ist. Nur leider bin ich blind."

„Würdest du gerne die Kapelle sehen?", fragte ihn Elisabeth.

„O meine liebe Frau, wenn das möglich wäre! Ich bin nur ein armer Sünder. Ich neide den Menschen, die sehen können. Sie arbeiten, erfreuen sich am Leben und ich bin gezwungen zu betteln. Ich kann niemandem etwas Gutes tun und kann nicht einmal beten, weil ich blind bin. Den anderen vergeht die Zeit schnell und für mich ist jede einzelne Stunde unendlich lang!“

„Bedenke“, meinte die Fürstin zu dem Bettler, „wenn du sehen könntest, wäre es durchaus möglich, dass du viele Sünden begangen hättest!“

„Nein, nein!“, widersprach der Blinde, „auch wenn ich sehen könnte, so würde ich jede Sünde meiden. Auch die schwersten Arbeiten würde ich gerne verrichten.“

„Dann beten wir, Gott möge dich heilen“, sagte Elisabeth darauf.

In dem Moment ging dem armen Bettler ein Gedanke durch den Kopf. Was, wenn die Frau, die vor ihm steht, die Fürstin ist. Er fiel vor Elisabeth auf die Knie:

„Habe Mitleid mit mir, gütige Frau!“

Elisabeth kniete sich neben dem Mann nieder und betete innigst darum, dass dem Bettler sein Augenlicht wiedergegeben wird.

„Dank sei Gott für sein unfassbares Geschenk“, rief der Bettler aus, „Ich sehe, ich sehe wieder!“

„Und du musst dein Versprechen halten“, sagte Elisabeth, „sündige nicht und sei arbeitsam!“

Bei einer anderen Gelegenheit kam Gertrud Leinbach, Ehefrau eines edlen Ritters, mit ihrem fünfzehnjährigen Sohn Berthold zu Elisabeth. Der Jüngling war angezogen mit einem kostbaren, mit Edelsteinen versetzten Ritterrock. Der junge Mann trug die Robe mit Stolz und prahlte mit seiner Schönheit und gab mächtig an. Die Fürstin bemerkte, wie eitel der junge Mann war, und sagte zu ihm:

„Mein lieber Junge, ich sehe, du kleidest dich vornehm. Ich merke auch, deine prachtvollen Gewänder machen dich eitel. Ich frage mich, ob du auch deiner Seele so viel Aufmerksamkeit schenkst wie deinem Körper? Was meinst du, hatte unser geliebter Heiland solche Kleider an, als er auf die Erde kam, um für uns sein Blut zu vergießen und um uns zu erlösen?"

Elisabeths Worte trafen den Jüngling tief ins Herz.

„O liebe Frau", sagte er mit einem inneren Leuchten, „bete für mich, dass ich mich in Zukunft ganz Gott widmen und ihm dienen kann."

„Das meinst du ganz im Ernst?", fragte ihn Elisabeth.

Der Junge nickte.

„Gehen wir in die Kapelle!"

Dort kniete Berthold auf die Treppe vor dem großen Altar nieder, und die Fürstin tat dasselbe, nur etwas weiter entfernt auf den Steinboden. Elisabeth fing an, inbrünstig für den Jungen und seine Berufung zu beten. Der Junge hielt die Länge des Gebetes nicht aus.

„Hören wir auf", sagte er zu Elisabeth, „ich kann nicht mehr."

Elisabeth setzte ihr Gebet fort. Das hatte solche Kraft, dass in Bertholds Herzen ein flammendes Feuer zu brennen anfing.

„Hören Sie auf, liebe Frau! Das innere Feuer wird mich verbrennen!“

Die Liebe zu Gott reinigte das Herz des Jünglings von Eitelkeit und der Schlacke des irdischen Lebens. Er trat in das Franziskanerkloster ein und wurde zu einem vorbildlichen Bruder des Ordens des heiligen Franziskus.

Diese und ähnliche Wunder passierten immer öfters in Elisabeths letzten Lebensjahren. Die Nachricht von der gottgleichen Frau und ihr Name verbreiteten sich schnell über viele Länder.

Sie aber verging in der Liebe zu Gott, und alles, was sie tat, tat sie aus reinster Hingabe zu ihm. Die ungarische Prinzessin lebte weit weg von zu Hause im deutschen Land, in einer einfachen, kleinen Hütte, und ihre Mahlzeiten waren nicht besser als die Mahlzeiten der Bettler. Im derben Habit der Franziskaner tat sie Tag und Nacht die schönen Werke der Barmherzigkeit, und dabei passierten geheimnisvolle Wunder.

Wie viele körperliche Qualen sie ertragen musste wegen Selbstverleugnung und auch wegen des Auspeitschens durch ihren Beichtvater, das weiß nur Gott allein. Die Engel sammelten Elisabeths unzählige rubinrote Blutstropfen und brachten sie zu Gottvater. Es gab durchaus Zeitgenossinnen, Damen vom hohen Rang, die sich in Selbstbezähmung übten, Cilicium auf ihrem Körper trugen und sich von ihren Dienerinnen auspeitschen ließen. Doch taten sie die Handlungen der Selbstverleugnung meistens aus Gewohnheit oder weil es derzeit Mode war. Für Elisabeth bedeuteten diese Übungen die vollkommenste Hingabe und Wiedergutmachung für ihre eigenen Sünden und die Sünden aller Menschen. „Imitatio Christi", Christus zu folgen, das war Elisabeths Ziel. Sie wünschte sich, die Lehren der Evangelien mögen in ihrem Leben und in ihrem Geist vollkommen aufblühen.

In den Ohren der Menschheit klingen Jesu Gebot und Drohung ungeheuerlich hart: „Wenn einer kommt zu mir und nicht hasst seinen Vater und seine Mutter und die Frau und die Kinder und die Brüder und die Schwestern und auch noch sein eigenes Leben nicht kann er sein mein Jünger."[11] Das Wort „hassen" müssen wir hier anders auslegen. Die Bedeutung liegt darin, dass wir allem Irdischen entsagen müssen, wenn wir zwischen dem Menschen und Gott wählen müssen. Die vollkommene christliche Weltanschauung ehrt Gott und stellt Ihn über alles. Elisabeth liebte ihren Mann innigst, genauso innig liebte sie ihre Eltern, ihre Kinder, ihre Brüder und Schwestern. Diese Liebe war deshalb so tief, still und sich selbst opfernd, weil sie sich von der Liebe zu Gott nährte.

Elisabeth liebte die Armen, Kranken, Notleidenden, Unglücklichen und Unterdrückten. Sie opferte ihr ganzes Leben für diese Menschen. Das tat sie nicht aus einer revolutionären Idee heraus und auch nicht aus Eigennutz oder Eigenliebe. Elisabeth wollte Christus' Worten folgen. Beim Jüngsten Gericht wird Jesus vorwurfsvoll den unglückseligen Sündern sagen: „… denn

[11] Lk 14,26

ich war hungrig, und ihr habt mir nichts zu essen gegeben; ich war durstig, und ihr habt mir nichts zu trinken gegeben; ich war fremd und obdachlos, und ihr habt mich nicht aufgenommen. … Die Verdammten werden verwundert fragen:

… Herr, wann haben wir dich hungrig oder durstig oder obdachlos … gesehen und haben dir nicht geholfen …?“[12]

Elisabeth war schwächlich, und oft überfiel sie Entsetzen, wenn sie sich die schweren Wunden der Kranken anschauen musste. Sie wurde bald ohnmächtig, wenn sie zugesehen hatte, wie die Leprakranken bei lebendigem Leibe zerfielen. Sie hätte das Joch der Krankenpflege nicht tragen können, hätte sie nicht in jedem Unglückseligen Christus selbst gesehen. Weil sie nach den Worten der Evangelien lebte, wonach Christus in jedem armen Menschen wohnt, empfand sie Glück darüber, für diese Armen, ihren fürstlichen Stand, ihren Besitz und ihre Gesundheit, sozusagen alles opfern zu können. Es gibt keine Kraft, die selbstloser und erfolgreicher die Armut in der Welt bekämpfen könnte wie die erhabenen Grundsätze des Christentums. Der heilige Franz von Assisi und die heilige Elisabeth sind das für die ganze Welt allzeit gültige Beispiel dafür.

Die Menschen waren gefühllos gegenüber den erwähnten Leitlinien des christlichen Handelns geworden, sie unterschätzten und belächelten diese sogar. Das zeugte von geistiger Verzagtheit und davon, dass

[12] Siehe auch Matthäus 25, 31-46

sie sich immer mehr vom wahren Geiste Christi entfernten. Viele sahen in der Selbstverleugnung, Selbstlosigkeit, der Züchtigung des Körpers und in dem Blut, das von den Schultern der großen Fürstin tropfte, reinen Irrsinn und große Perversion. Diese Menschen konnten der sonnenbeschienenen Höhen der christlichen Vollkommenheit nicht gewahr werden.

Elisabeths Selbstaufopferung, ihre Absage an die Welt, das Verteilen ihres Vermögens an die Bedürftigen, das Bauen der Krankenhäuser, die Pflege der Schwerstkranken, das Kasteien, das alles waren für ihre deutschen Verwandten Beweise für Elisabeths Geisteskrankheit. Andere, fremde, weit entfernte Stimmen meinten, der bösartige und gemeingefährliche Beichtvater wollte die arme Frau nur deshalb bei sich festhalten, um an ihr Vermögen zu gelangen.

Und es kam noch härter! Die Menschen erlaubten sich abscheuliche Gemeinheiten auch der reinen Elisabeth gegenüber. Sie wurde beschuldigt, beschämende und peinliche Dinge getan zu haben.

Hier und da flüsterten sich die Menschen zu, Magister Konrad hält Elisabeth nicht nur wegen ihres Vermögens bei sich, sondern er sei ihr zugeneigt wegen seiner körperlichen Bedürfnisse. Auf diese Weise seien die beiden verbunden.

Das Gerede verbreitete sich in Windeseile und kam auch zu Ohren des jungen Varilla. Dieser hatte damals tapfer für die Rechte der jungen Fürstin gekämpft, als Fürst Heinrich und sein Hofstaat Elisabeth enterben wollten.

Varilla war ein hochrangiger Würdenträger, und gleichzeitig zeigte er Herz, und die Vorwürfe gegenüber Elisabeth schmerzten ihn. Er beschloss, selbst mit Elisabeth zu reden. In Marburg angekommen, wurde er von ihr herzlich und mit großer Freude empfangen und gleich nach dem Grund seines Besuchs gefragt. Der junge Varilla war etwas in Verlegenheit geraten, weil allein Elisabeths Anwesenheit in ihm Ehrfurcht erweckte und ihm das Gefühl einer engelsgleichen Reinheit gab. Jedoch obsiegten in seinem Inneren die Bedenken, deshalb sprach er vorsichtig aus, was ihn bewegte:

„Eure Hoheit, ich bitte Sie, passen Sie auf Ihren guten Ruf auf. Es wird schlecht und unanständig über das Verhältnis zwischen Ihnen und Magister Konrad geredet."

Elisabeth regte sich in keiner Weise über diesen ekelhaften Vorwurf auf. Über ihr Gesicht verbreitete sich der Ausdruck einer himmlisch belustigenden Stimmung. Sie blickte in den Himmel und sagte:

„Ich danke dem Erlöser, weil Er mich für wertvoll genug hält, dass ich Ihm auch dieses Opfer bringen darf. Aus Liebe zu Ihm und damit ich Ihm ergeben dienen darf, habe ich meinen Status als Fürstin aufgegeben. Ich verzichtete auf mein Vermögen, auf meine Jugend, die Schönheit und ich verzichtete sogar auf mein Zuhause und meine Kinder. Ich wollte, dass mein Name makellos bliebe. Wenn aber Gott will, dass ich als unehrenhafte, unehrliche Frau leben soll, bringe ich Ihm auch dieses Opfer dar. Ich habe nur einen

Wunsch. Meine Schande soll nicht auf meine Kinder übergehen.“

Varilla stand vor Elisabeth und war bleich im Gesicht. Elisabeth wollte zeigen, dass sie über alle Zweifel erhaben ist, und entblößte schüchtern ihre Schultern und Rücken und zeigte Varilla die Spuren, die durch das Auspeitschen des Magister Konrads entstanden sind.

„Schau, Varilla, das ist die Liebschaft, die Magister Konrad mit mir hat! Oder besser gesagt, Gott lässt Magister Konrad das tun aus Liebe zu mir.“

Varilla schaute mit Entsetzen auf die roten und blauen Striemen, die die Schläge der Peitsche auf der weißen Schulter der Fürstin hinterlassen hatten.

„Eure Hoheit, bitte entschuldigt!“, sagte er und fiel auf die Knie.

„Ich verzeihe jedem alles“, gab Elisabeth lächelnd zur Antwort und schnürte ihre weite Kutte wieder fest um die Schultern zusammen.

Langsam wurde es Abend und das Land Hessen bereitete sich auf die Nachtruhe vor. In dem Franziskanerkloster waren fromme Loblieder zu hören. Und aus den Kranken- und Armenhäusern erklangen demutsvolle Gebete, die den Himmel belagerten und um das Wohl für die Unterstützer der Armen und Kranken baten. Oben in Elisabeths Haus atmeten die beiden gewichtigen und derben Dienerinnen schwer in ihrem Schlaf. Elisabeth blieb allein in der abendlichen Geborgenheit der Landschaft. Sie versagte sich auch noch das letzte abendliche Stück Brot und bereitete ihren bereits ausgemergelten Körper für eine neue Geißelung vor. Sie zündete ihre blaue Öllampe an und stellte sie vor das große Kreuz. Dann kniete sie nieder, ließ ihre Kutte herunter, erhob die mit Widerhaken versehene Peitsche und vollbrachte ihre blutige Arbeit. Die Peitschenriemen knallten dumpf und ihre zu Hieben erhobenen Hände warfen große Schatten an die Wände, die vor Entsetzen selbst erblassten.

Das geschah, während alle anderen schliefen.

Elisabeth erkrankt ernsthaft. Sie vernimmt den wunderschönen Gesang eines Vogels, der ihren Tod verkündet. Sie stimmt in seine Melodie ein.

12.

In den Tälern verabschiedete sich langsam der Herbst. Auf dem Waldboden und entlang der Wege lagen viele rot und gelb gefärbte Blätter. Von Zeit zu Zeit wirbelte der pfeifende Wind die rotgelben Blätter auf und verstreute sie in alle Himmelsrichtungen; genauso wie ein Piratenkapitän, der von seinem untergehenden Schiff ungeduldig klagend seine mit Blut erbeuteten Schätze ins Meer verstreut.

Der Wind wehte so stark, dass er Tränen in die Augen trieb. Leise fielen die ersten Schneeflocken, als Elisabeth an einem späten Herbstnachmittag nach Hause kam. Sie hatte einen Patienten besucht, der sehr abgelegen wohnte. Sie war ganz durchfroren, denn der Weg war lang, steil und ermüdend. Elisabeth zitterte am ganzen Körper, und trotzdem sprach sie pflichtbewusst auf dem kalten Steinboden kniend ihr Abendgebet. Als sie sich zur Ruhe begab, erfasste sie eine Art Benommenheit. Plötzlich blendete ein Licht ihre Augen. Aus der leuchtenden Helligkeit erschien der strahlende Jesus Christus.

„Jetzt ist die Zeit gekommen“, sagte die Erscheinung, „komm, Mütterchen, komm zu meinem Vater und nimm dort den Platz ein, den er dir für die Ewigkeit bestimmt hat!“

Elisabeth hatte die Botschaft verstanden.

Die Vorbereitung auf die lange Reise versetzte sie in eine Art starker, glückseliger Erregung. Das Vorzeichen brachte ihr die Gewissheit, sie würde bald aus dem Tal der Tränen und des Leidens in die Ewigkeit abberufen werden.

Am nächsten Morgen, gleich nachdem sie aufgestanden war, begann sie ohne zu zögern sich auf die lange Reise vorzubereiten. Demjenigen, der den Schwerpunkt seines Lebens ins Jenseits legt, dem erscheint der Tod keinesfalls schrecklich und beängstigend. Das Sterben bedeutet für den Christen Erlösung. Für den Tod gilt, was das Hohelied[13] besingt: „Ich bin schwarz, aber schön.“

Elisabeth wollte gerne noch einmal ihre Pflegebedürftigen besuchen, um sie zu segnen und um sich von ihnen zu verabschieden. Liebevoll sprach sie mit jedem, verteilte unter ihnen noch milde Gaben und tröstete sie. Genau an dem Tag schickte Magister Konrad ihr eine Nachricht, sie möge ihn besuchen, denn er sei sehr krank. Elisabeth eilte ergeben zu ihrem strengen Beichtvater, der wehklagte.

„Ich werde sterben“, stotterte der Kranke, „wer wird deine Seele leiten, wenn ich sterbe?“

Die Fürstin tröstete den kranken Priester.

---

[13] Hld.1:5

„Ich werde vor dir sterben, lieber Beichtvater. Alles ist der Wille Gottes.“

Elisabeths Vorsehung erfüllte sich, denn die Krankheit von ihrem Beichtvater Konrad verschwand schneller, als sie gekommen ist. Elisabeth aber konnte sich mit ihrem kranken Körper nur noch mühsam fortbewegen, und doch verabschiedete sie sich noch von jedem Ort, der ihr lieb war. Am vierten Tag ihrer Rundwanderung wurde sie so schwach, dass sie nicht mehr vom Bett aufstehen konnte. Da wusste sie mit Sicherheit, dass das Ende kommen würde.

Sie musste sich vom Diesseits verabschieden.

Der Abschied war kurz. Dem Magister Konrad trug sie auf, er möge den Besitz, über den sie noch verfügte, unter die Armen verteilen. Kleine Andenken händigte sie schon vorher denen aus, die ihr am nächsten standen. Der treuen Franziskanerin des dritten Ordens, auch Elisabeth mit Namen, gab sie den abgetragenen Mantel, den ihr einst Franz von Assisi geschenkt hatte. Das Habit sah bereits sehr abgegriffen und abgenutzt aus.

„Es soll dich nicht stören, dass der Mantel schon älter ist“, sagte Elisabeth, „das ist mein Lieblingsstück. Wann immer ich in diesem Mantel Gott um einen besonderen Gefallen bat, hat er mir den Wunsch erfüllt.“

Das Fieber zehrte immer mehr an ihren Kräften. Wie eine leuchtende Flamme ergriff die Hitze ihren ganzen müden Körper. Das Leiden spiegelte sich in ihrem Gesicht.

Es nahte der Montag, der 17. November 1231. Elisabeth lag schlafend und zur Wand gewandt ruhig in ihrem Bett. Ihre Krankenpflegerin wachte bei ihr und betete. Auf einmal war von der Wand her ein wunderbarer Gesang zu hören, so, als ob es zwei gäbe, die abwechselnd einer nach dem anderen singen würden. Himmlische Stimmen erfüllten den Raum. Die Pflegerin horchte auf, ganz verzaubert von der Melodie. In diesem Moment bewegte sich Elisabeth und rief nach der Krankenpflegerin.

„Hier bin ich, liebe Frau", sagte die Pflegerin, „o wie schön du gesungen hast!"

„Hast du es auch gehört?", fragte geschwächt und müde die Fürstin, „das war der Vogel mit den purpurfarbenen Federn, und er sang so schön, dass ich ihm unweigerlich nachsingen musste. In dem Gesang des Vogels wurde mir mitgeteilt, dass ich in drei Tagen sterben werde."

Keine Harfe der Welt hätte das Glück gebührend besingen können, das Elisabeth empfand, als sie die Nachricht bekam, bald den Gang ins Himmelreich antreten zu können.

Sie befahl, niemanden mehr zu ihr zu lassen. Nur die treuen Hofdamen Guda und Isentrud waren bei ihr und beteten mit ihr. Der Priester Konrad erlaubte ihnen, Elisabeth in ihren letzten Stunden zu begleiten.

„Ich möchte mit Gott allein sein, um mich auf die lange Reise vorzubereiten, bevor ich vor den himmlischen Richter trete."

Elisabeth betete den ganzen Tag.

Am nächsten Tag kam Priester Konrad, um der Sterbenden die letzte Beichte abzunehmen und ihr das Sterbesakrament zu geben. Elisabeth öffnete ihr Herz weit, und jeder konnte pure Reinheit darin sehen. Nicht einmal das Adlerauge ihres Beichtvaters konnte in Elisabeths Seele etwas finden, was Gott hätte missfallen können. Umso stärker und schöner leuchteten in ihr die Edelsteine der heldenhaften Tugenden. Der Beichtvater wurde von der Helligkeit und Reinheit dieser Ausstrahlung übermannt. Entzückt schaute er auf Elisabeth. Fürwahr, Priester Konrad konnte überaus zufrieden mit seiner Arbeit sein. Er hatte eine so vollkommene Seele geformt, dass sogar die Engel im Himmel Freude an ihr hatten.

Nach der Beichte erkundigte Magister Konrad sich über Elisabeths Nachlass. Diese antwortete ihm überglücklich:

„Jesus Christus weiß es! Warum also sollte ich ein Testament machen?"

„Und was ist dein letzter Wille?"

„Ich wünsche, dass in der Franziskanerkapelle meines Krankenhauses zwei Altäre aufgestellt werden, und dort möchte ich bestattet werden."

Magister Konrad versprach, Elisabeth diesen Wunsch zu erfüllen. Er rief Guda und Isentrud und auch die, die Elisabeth nahestanden. Sie sollten anwesend sein, wenn Elisabeth die Eucharistie und Krankensalbung empfangen würde. Mit einem vergeistigten Ausdruck empfing Elisabeth das Brot des Lebens, über das der Erlöser sagte: „Wer von diesem Brot isst, wird in Ewigkeit leben. …"[14] Im Zimmer verbreitete sich ein wohlig riechender Duft nach dem heiligen Öl, als Magister Konrad Elisabeth salbte. Dann beteten sie „Commendatio animae" und gaben Elisabeths Seele in die Hände Gottes.

Am dritten Tag verabschiedete Elisabeth sich vom Diesseits. Die Menschen, die sich in ihrem Zimmer versammelt hatten, standen laut betend und weinend um ihr Bett. Elisabeth war die ganze Zeit bei Bewusstsein. Sie betete gemeinsam mit den Menschen, die bei ihr waren.

Gegen Mitternacht öffneten sich ihre Augen und leuchteten wie der Stern Sirius an klaren Winterabenden. Elisabeth bat die Umstehenden zu schweigen und fing an zu reden. Sie war ansonsten eine wortkarge Frau, doch jetzt sprudelten die Worte nur so aus ihrem Mund. Es war, wie wenn aus einer Quelle das Quellwasser sprudeln würde. Sie sagte Teile der Evangelien auf: von der Auferweckung des Lazarus[15] und vom Besuch Jesu bei Marta und Maria.[16]

„Jesus besuche auch mich und nehme mich in dein Reich auf", seufzte sie sehnsüchtig.

Alle Anwesenden weinten.

„Ihr Frauen von Jerusalem", sagte sie zu ihnen, „weint nicht über mich; weint über euch."[17]

---

[14] Bibel Einheitsübersetzung Joh. 6,51
[15] Joh. 11,41-44
[16] Lk 10,38-42
[17] Aus Lk. 23,27-31

Dann verstummte sie. Alle hielten den Atem an und schauten zu Elisabeth.

Die Stimme eines krähenden Hahns durchdrang die Todesstille.

Elisabeth wurde etwas wacher.

„Schaut her, es naht die Stunde, in der Jungfrau Maria Jesus gebar und ihn in die Krippe legte. Wir sprechen hier von Gott und dem Kind Jesus! Es schlägt Mitternacht … Jesus wird geboren … neuer Stern, den vorher noch niemand sah … er bringt die Erlösung. Es kommt die Stunde der Auferstehung und Rettung meiner Seele."

Und dann setzte sie dazu:

„Ich fühle mich so schwach. Doch spüre ich keine Schmerzen."

Dann rief sie laut:

„Maria, komm und hilf mir! Die Zeit ist gekommen. Jesus ruft seine Braut!"

Die Anwesenden beugten sich über Elisabeth.

„Still, still …", flüsterte sie.

Noch ein letzter Atemzug und dann schloss sie für immer die Augen.

Am 17. November 1231 starb in Marburg die ungarische Prinzessin. Sie wurde vierundzwanzig Jahre alt.

In Windeseile verbreitete sich im ganzen Land die Nachricht über den Tod der frommen Elisabeth. Als die traurige Botschaft verkündet wurde, eilten die Menschen aus den Häusern, aus Klöstern, aus dem Hospital, geradezu aus dem ganzen hessischen Land zusammen, um Elisabeth noch ein letztes Mal zu sehen. Es schien, als ob alle zusammen wie eine einzige trauernde Seele wären.

Die geliebte Elisabeth wurde in das einfache Habit der franziskanischen Ordensgemeinschaft gehüllt. Das war ihr eigener Wunsch. Dann brachten sie die Tote in die Franziskanerkapelle des von ihr gebauten Hospitals. Sie wurde in einem offenen Sarg aufgebahrt, damit jeder noch einmal die von allen so verehrte Wohltäterin sehen konnte. Von Jenseits schlich sich eine himmlische Schönheit auf Elisabeths Gesicht. Diese schmückte sie in solcher Kraft, dass jeder, der vorher ihre Anmut und ihre Grazie womöglich übersehen hatte, tief gerührt die sanften Züge des schönsten Frauengesichts betrachtete.

Von allen Teilen der Provinz strömten die Menschen nach Marburg.

Es kamen viele Ordensbrüder, vor allem die Franziskaner und Zisterzienser. Sie standen um Elisabeths Totenbahre und beteten. Den größten Schmerz empfanden die Kranken und Armen, die mit Elisabeth ihre unersetzbare Wohltäterin verloren hatten.

„Wer wird uns jetzt lieben?"

„Wer wird uns Almosen geben?"

„Wer wird unsere Kranken pflegen?"

Diese Ausrufe des Leids hallten von den Wänden der Kapelle wider, als sie Elisabeth erblickten. Jeder versuchte noch, ein Stück des Habits oder der Tücher, die Elisabeths Gesicht und die Todesbahre verdeckten, abzureißen, um es als Reliquie mitzunehmen. Das war ein Zeichen dafür, wie sehr sie ihre sanftmütige Wohltäterin, die sie bereits „die Heilige" nannten, verehrten.

Drei Tage lang dauerte die Trauerfeier in Marburg. Es kamen immer wieder neue Scharen an Menschen in die Stadt. Die Ordensbrüder mussten die Beisetzung von einem Tag auf den anderen verschieben. Sie fürchteten, dass es zu einem Aufstand der anwachsenden Menschenmenge kommen könnte, hätten sie nicht erlaubt, dass jeder die Fürstin auf der Todesbahre sehen durfte. Erst am besagten dritten Tag konnten sie die Beisetzungszeremonie beginnen. Wie sah dieses Zeremoniell aus? Es gab keine Trompeten, durch deren goldene Röhren Elegien erklingen könnten, keine lauten Trommeln, die die Trauerlieder spielen würden. Hinter Elisabeths Sarg schritten keine in Hermelinmäntel gekleidete Fürsten und auch keine mit wehendem Trauerschleier ausstaffierten Königinnen.

Und es gingen doch hunderttausend bitterlich klagende Ausrufe in Richtung des Himmels, als Elisabeths Sarg geschlossen wurde. Nach den Totenpsalmen wurde Elisabeths Sarg in die Krypta gebracht. Menschen weinten, jammerten und schluchzten. Der Schwall der Trauer war so stark, dass das Klagen über Marburg hinaus zu hören war.

Es trauerten nicht nur die Menschen.

Der heilige Franz von Assisi hatte nicht umsonst gesagt: Ihr Vögel, du Wind, ihr Blumen, ihr seid meine Brüder und Schwestern.[18] Genauso wie sein wichtigster geistiger Sohn, der heilige Antonius von Padua – er

18 Aus der Vogelpredigt und dem Sonnengesang des hl. Franziskus. (Anm. der Übersetzerin)

starb im gleichen Jahr wie Elisabeth – nicht umsonst den azurblauen, gehorsamen Fischen predigte.[19] So konnte auch die Beisetzung der größten Anhängerin des Franziskanerordens, der Fürstin Elisabeth, nicht stattfinden ohne die bezaubernde Anwesenheit der Singvögel.

In der Nacht vor der Beisetzung wurde die Oberin des Klosters Wechterswinkel, die auch nach Marburg gekommen war, aufmerksam auf die außergewöhnlichen Stimmen. Diese hörten sich eher nach Singen als nach Reden an. Als sie in den Hof trat, sah sie überrascht, dass die Dächer der Häuser voller Singvögel waren. Es waren Vögel, die die Oberin noch nie gesehen hatte. Sie sangen wunderschön und aus vollen Kehlen.

Die Oberin weckte die Ordensschwestern auf:

„Kommt und hört zu!"

Auf einmal sammelten sich viele Menschen auf den Straßen. Verwundert hörten sie dem bezaubernden Singen der zarten Vögel zu. Dabei war es eine winterlich kalte Novembernacht. In dieser Zeit sind die Singvögel längst in den südlichen warmen Gefilden, in den Ländern, wo die Zitronen und Pomeranzen blühen, und träumen dort von tristen deutschen Bergen und dunklen deutschen Wäldern. Vielleicht aber kamen diese niedlichen singenden Vögelchen aus dem Süden, aus Assisi und von Monte Alverna geflogen, um ihrer gottergebenen und armen Herrin einen Lobgesang zu tirilieren.

---

[19] Siehe Fischpredigt des hl. Antonius. (Anm. der Übersetzerin)

In der kalten Herbstnacht hallten die wunderbaren Gesänge der Vögel wider. Und der kalte Wind wirbelte auf seinen Flügeln ihre Stimmen nach oben zum Himmel empor. Dort über den Wolken lauschte die gesegnete Fürstin in der Gesellschaft der Heiligen und der Engel ganz entzückt diesem ungewöhnlichen Gesang.

*

Unter den Kirchen, umhüllt von den Düften des Balsams und des Weihrauchs, träumen die Toten. Die Marmorplatte, die ihre irdischen Überreste bedeckt, durchdringt manchmal eine übernatürliche Kraft, die von einer Seele ausgeht, die bereits in den Himmel erhoben wurde. Und durch diese gesandte Kraft wird das Grab auf einmal zur Quelle von Gnade und Geheimnissen.

Elisabeths Grab wurde sehr bald dieser Ruhm zuteil.

Ein armer, alter, kranker Ordensbruder des Zisterzienserordens kam nach Marburg. Mit letzter Kraft schleppte er sich in die Kapelle der seligen Fürstin, um zu ihr zu beten und um seine Heilung zu bitten. Als er auf dem Stein niederkniete, der Elisabeths Sarg bedeckte, wurde er von seiner schweren Herzkrankheit, die ihn seit vierzig Jahren quälte, vollständig geheilt. Ganz aufgeregt eilte er zu Priester Konrad, und gänzlich fassungslos erzählte er diesem von der wundersamen Heilung, die ihm an Elisabeths Grab zuteilwurde.

„Ich schwöre bei Gott, dass es so war!“, bekräftigte der fromme Ordensbruder.

Von da an wurde Elisabeths Grab zum Wallfahrtsort und zum ständigen Ziel der Pilger. Wichtige Würdenträger, höhere Priester sowie das einfache Volk kamen entweder einzeln oder in Gruppen nach Marburg an Elisabeths Grab, um dort Entlastung, Trost und Hilfe zu finden oder um Genesung zu bitten. Es passierte immer öfters, dass die Menschen am Grab geheilt wurden; die Blinden, die Gelähmten, die Leprakranken. Nicht nur in Deutschland, sondern auch in Italien, jenseits der Alpen, verbreitete sich die Nachricht von wundersamen Heilungen und von anderen Wundern, die am Grab der Verstorbenen passierten.

Bald geschah das größte Wunder überhaupt. Das war, als ein Junge von den Toten auferweckt wurde. Diesem ersten Fall folgten noch andere. Allgemein verbreitete sich der Glaube, Elisabeth habe die überirdische Kraft, die Toten wieder lebendig zu machen.

Elisabeths Sohn Hermann hatte mit vierzehn Jahren von seinem Onkel Heinrich die Herrschaft über Thüringen übernommen. Nach einer zweijährigen Regentschaft erkrankte er und starb an Vergiftung. Die Fürstenfamilie ließ es nicht zu, dass er neben seiner Mutter bestattet wurde, denn sie befürchteten, Elisabeth könnte ihn wieder zum Leben erwecken. Sie bestatteten den jungen Fürsten Hermann neben seinem Vater in Reinhardsbrunn.

Priester Konrad hatte es zu seiner eigenen Pflicht gemacht, die Wunder zu sammeln, die am Grab seiner wie eine Heilige lebenden Schülerin passierten. Über diese Wunder berichtete er Papst Gregor IX. Daraufhin beauftragte der Papst Konrad von Marburg, peinlichst genau und glaubwürdig alle Wunder zusammen zu tragen, die sich während Elisabeths Leben auf Erden und auch nach ihrem Tod ereigneten.

Trotz der vielen anderen schweren Sorgen fing Magister Konrad sofort an, die Hinweise zu sammeln. Am 10. August 1232 kam der Mainzer Erzbischof Siegfried nach Marburg, um zwei neue Altäre in der Franziskanerkapelle zu segnen. Inquisitor Konrad sprach zu der Menge, die sich dort von überallher versammelt hatte. In seiner Rede lobpries er Elisabeths Leben, das voller wundervoller Taten und Güte war.

Konrad berief alle, die zu Elisabeth gebetet hatten und daraufhin getröstet, entlastet oder geheilt wurden, sich sofort am nächsten Tag beim Erzbischof zu melden und ihre Aussagen vor diesem zu bestätigen. Der Erzbischof stellte eine Kommission zusammen, deren Mitglied neben vielen Ordensbrüdern auch Magister Konrad war. Vor dieser Kommission wurden wundersame Ereignisse in Verbindung mit Elisabeth vorgetragen und auch protokolliert. Es wurden achtundfünfzig Wunder aufgeschrieben und die Dokumentation darüber unter dem Titel „Relatio authentica miraculorum" nach Rom geschickt. Papst Gregor IX. genügte der Bericht jedoch noch nicht für die Heiligsprechung. In den Papieren fehlten oft die Namen der Personen, die das Wunder erlebt hatten. Die Kirche achtete immer peinlichst darauf, dass die für das Verfahren zur Verkündung der Selig- und Heiligsprechung zuständige römische Kommission immer nur glaubwürdige Daten bekam. So erhielt Priester Konrad am 13. Oktober 1232 die Aufgabe, erneut die Meldungen über Elisabeths Wunder zu sammeln, diesmal genauer. Auch sollte er Elisabeths Lebensgeschichte und deren Persönlichkeit dokumentieren. Priester Konrad vertiefte sich sofort in die ihm auferlegte Arbeit. Er verfasste einen neuen Bericht über die Wunder und schuf einen Abriss über Elisabeths Leben. Er beendete sein Werk schnell, doch dann kam es zu einem tragischen Ereignis, das Elisabeths Heiligsprechung um zwei Jahre verzögerte.

Magister Konrad, der Inquisitor Deutschlands, erledigte seine Arbeit als Ketzerverfolger rücksichtslos und mit einer gnadenlosen Strenge. Dabei verschonte er niemanden, er schreckte auch vor Grafen, Bischöfen und Fürsten nicht zurück. So passierte es, dass er den mächtigen Grafen Heinrich III. von Sayn der Ketzerei beschuldigte. Doch dieser fühlte sich unschuldig und erreichte, dass der Fall der Inquisitionsgerichtsbarkeit entzogen und dem Reichsgericht im Dom zu Mainz überstellt wurde. Dort konnte er einen Freispruch erreichen. Das war eine große Niederlage für Inquisitor Konrad. Der Erzbischof bot Konrad für seinen Heimweg von Mainz nach Marburg bewaffnete Begleitung an, doch dieser lehnte ab. In der Nähe von Marburg, am Fuße der Lahnberge, lauerten dem Inquisitor sechs Berittene auf. Sie überfielen ihn. Die zwei Ordensbrüder der Franziskaner, die ihn begleiteten, wollten sie freilassen.

„Bitte tut mir nichts", bat der Inquisitor.

Doch der Anführer der Bande schrie:

„Tötet den Bösewicht! Auch er hatte nie jemanden verschont! Er soll verrecken!"

Die Bande stürzte sich auf den Inquisitor und zerstückelte ihn. Die zwei Ordensbrüder wollten sie zwar verschonen, doch diese entschieden sich dafür, mit Inquisitor Konrad zu sterben. Die Bande vollzog gerne die Tötungshandlung auch an den beiden Franziskanerbrüdern, und so wurden diese zu unschuldigen Opfern der blutigen Tragödie.

Auf diese Weise endete das irdische Leben des Inquisitors, der Angst und Grauen verbreitet hatte.

Der jüngste Schwager der verstorbenen Elisabeth, Fürst Konrad, war Mitglied des Deutschen Ritterordens, der in der damaligen Zeit seine Blütezeit erreichte. Ihm tat es sehr leid, sich nicht schon früher am Hofe für seine gottesfürchtige Schwägerin Elisabeth eingesetzt zu haben. Seitdem er Mitglied des Deutschen Ordens war, unternahm er alles, damit Elisabeth heiliggesprochen wird. Als er sich in seiner Rolle als herausragender und hochgeschätzter Ritter in Rom aufhielt, leitete er beim Papst die Wege für die Kanonisierung seiner Schwägerin Elisabeth ein.

Im Oktober 1234 bevollmächtigte Papst Gregor IX. den Bischof von Hildesheim, Abt Hermann von Georgental, und Abt Ludwig von Hersfeld, das Kanonisationsverfahrens wieder aufzunehmen. Sie sollten die Daten, die Erzbischof Siegfried und Magister Konrad bereits gesammelt hatten, ordnen und den Bericht dann innerhalb fünf Monaten wieder vorlegen. Die Männer machten sich an die Arbeit und listeten akribisch auf, welche Wunder wann und wem passiert sind, und sie befragten die Leute, die in Elisabeths unmittelbarer Umgebung gelebt haben. Unter anderem erkundigten sie sich auch bei Guda und Isentrud, den zwei treuen Hofdamen von Elisabeth.

Der Würzburger Kanoniker Salamon und Fürst Konrad brachten die Protokolle des Kanonisationsverfahrens zu Papst Gregor IX. nach Perugia, wo dieser sich damals aufhielt.

In dem Dominikanerkloster wurde das gesamte Aktenmaterial einem Konsistorium vorgelegt, dem zahlreiche Kardinäle, Erzbischöfe, Bischöfe und Prälaten angehörten. Darunter waren auch die Patriarchen von Jerusalem und Antiochien. Elisabeths Lebensweise und die ihr zugeschriebenen Wunder mussten erneut Punkt für Punkt beleuchtet werden. Als alle Unklarheiten beseitigt waren, leuchtete vor dem Konsistorium der heldenhafte Edelmut ihres gnadenvollen Lebens auf und bezauberte alle.

Zum Pfingstfest am 26. Mai 1235 nahm Papst Gregor IX. Elisabeth, die Tochter des ungarischen Königs Andreas II. und Witwe des Herzogs Ludwig von Thüringen, offiziell in das Heiligenverzeichnis auf und bestimmte, dass sie in der gesamten Kirche als Heilige verehrt würde.

Der Papst intonierte Te Deum Laudamus, und aus allen Kirchen war begeistert der Dankesgesang zu hören. Die Gesamtheit der Geistlichen und der Gläubigen, darunter das einfache Volk wie auch die Großen und Mächtigen, begrüßten jubelnd den neuen strahlenden Stern der Kirche. Elisabeth galt neben dem heiligen Franziskus und dem heiligen Antonius von Padua als eine der größten Heiligen dieser Zeit.

Die Heiligsprechung musste in der ganzen Welt bekannt gemacht werden.

Am 1. Juli 1235 gab der Papst die versiegelte Urkunde heraus, die mit den Worten „Gloriosus in maiestate“ anfing. Mit diesem wichtigen Papier verkündete er der christlichen Welt, dass die heilige Kirche Elisabeth „zur Ehre der Altäre erhoben“ hat und dass das Fest der heiligen Elisabeth der 19. November, der Tag ihrer Beisetzung und gleichzeitig der Tag ihrer Geburt für ein Leben bei Gott, gefeiert wird. Das päpstliche Schreiben lobpreist Elisabeths Tugenden und erwähnt explizit ihre seraphische Aufopferung für die Kranken. In der Urkunde steht unter anderem auch, dass Elisabeth von Kindesbeinen an den Wunsch hegte, einmal Kranke und Arme versorgen zu können. Sie wusste, Gott schenkt demjenigen das ewige Leben, der sich mit guten Taten für die armen Brüder und Schwestern verdient gemacht hat.

So steht es sinngemäß in einem der Kapitel der päpstlichen Urkunde.

Die Pilger verbreiteten in Windeseile die Nachricht über Elisabeths Heiligsprechung in ganz Deutschland. In Erfurt wurde der Inhalt der Schrift von der Kanzel verlesen, danach wurden zehntägige Exerzitien zu Ehren der neuen Heiligen gehalten. Bewegend bei den Übungen war das tägliche Verteilen der Almosen. Diese Ritualhandlung wurde am Fest der heiligen

Elisabeth noch in den nächsten Jahrhunderten wiederholt. Als Vorbereitung zur feierlichen „Erhebung der Gebeine“ befahl der Mainzer Erzbischof Siegfried, Elisabeths Grab zu öffnen. Das Fest der feierlichen Reliquientranslation des Leichnams verschob er dann in den Frühling, damit auch die Menschen aus weit entfernten Orten Deutschlands und Ungarns zu diesem Ereignis nach Marburg pilgern konnten.

Dann kam der große Tag, der 1. Mai 1236.

Der Frühling feierte bereits seinen Sieg über den Winter und verströmte den vollen und wunderbaren Duft der deutschen Blumen in Richtung Marburg.

Im Glanz des Frühlings strömten aus dem ganzen Land Menschenmengen nach Marburg, um an der Zeremonie teilnehmen zu können. Es kamen vorwiegend Arme und Kranke. Diese Bedürftigen sahen in dieser der ganzen Welt verkündeten Feierlichkeit für ihre Wohltäterin auch die Anerkennung ihrer eigenen Menschenwürde. Marburg war bald zu klein, um diese große Menge an Menschen zu empfangen. Die Häuser, Wirtshäuser, Scheunen, alle möglichen Unterkünfte waren restlos ausgebucht. So mussten viele in die Täler und auf die nahe gelegenen Hügel rund um die Stadt Marburg ausweichen. Recht hatte er, der Mainzer Erzbischof, als er für das Fest den Monat Mai wählte. Denn im Frühling sind die Nächte schon milder und die Pilger konnten unter freiem Himmel schlafen. Das kleine Marburg konnte Unterkunft nur für eine Handvoll Ankömmlinge bieten. Ungefähr ein viertel Million Menschen waren bereits in das kleine Städtchen

Marburg gekommen, als die bedeutenden Machthaber anreisten. Weltliche und geistliche Priester sammelten sich um das Grab der Heiligen, um dem Erzbischof bei der Zeremonie zu helfen. Die Erzbischöfe aus Köln, Bremen, Trier kamen mit ihrem glänzenden Gefolge; ferner die Bischöfe aus Prag, Hildesheim, Bamberg, Merseburg, Halberstadt, Speyer, Worms, Paderborn und viele mehr. In Marburg waren mittlerweile auch alle Verwandten von Elisabeth zusammengekommen, als endlich auch Kaiser Friedrich II. mit seiner dritten Frau, der englischen Prinzessin, eintraf.[20]

Am 30. April öffnete der Klerus die Krypta mit Elisabeths Leichnam. Der Leichnam war unversehrt und perfekt erhalten. Sie beteten:

„Heilige Elisabeth, bitte für uns, dass auch wir der weltlichen Eitelkeit entsagen und den himmlischen Trost herbeisehnen können.

Der Kaiser und Elisabeths Sohn, der junge Fürst Hermann, traten zum Altar und ordneten die Grabbeigaben. Dabei legte Friedrich II. eine goldene Krone, bestückt mit glänzenden Edelsteinen, auf Elisabeths Kopf.

„Ich konnte sie nicht zur Kaiserin krönen", sagte er kniend vor ihrem Leichnam, „so kröne ich sie heute zur unsterblichen Königin des Himmels!"

Alle Anwesenden machten es dem Kaiser nach. Jeder stellte seine Totengaben zu dem in Gold und Pur-

---

20 Kaiser Friedrich heiratete im Juli 1235 Isabella, die Schwester des englischen Königs, Heinrich III. Seine zweite Frau Isabella von Brienne war 1228 verstorben. (Anm. der Übersetzerin)

pur glänzendem Sarg der Heiligen. Augenblicklich häuften sich dort viele kunstvolle Meisterwerke wie Kelche, goldene Schüsseln sowie teure Edelsteine und Schmuck an.

Die kleine Kapelle der Franziskaner bot eine wunderbare Szenerie. Vor der tugendhaften jungen Frau, die ihren Schmuck verschenkt hatte, die barfuß und nur in das grobe Habit der Franziskaner gehüllt unterwegs war, die mit ihrem Vermögen Krankenhäuser gebaut und dort Leprakranke gepflegt hatte, hier und da sich ein Stück Brot verdient und ihren Körper mit Peitschenhieben gegeißelt hatte, vor dieser heiligen Elisabeth knieten an diesem Tag der Kaiser, die Herzöge und Erzbischöfe. Sie alle legten große Schätze an ihrem Sarg nieder, als Zeichen ihrer Ehrerbietung.

Seht, und sie gaben Gott die Ehre und beteten ihn an, denn er hat sie geschaffen, die Erde und den Himmel.

Es ist der Sieg der Seele über den Körper.

Das ist das, was der Begründer des Christentums mit den Worten. „… ich habe die Welt besiegt …“[21] meinte. Der Mensch kann nur ein erfülltes, fruchttragendes Leben haben, wenn er vom Heiligen Geist erfüllt ist.

Wenn die Menschheit nicht vom Geist Gottes erfüllt ist, dann gibt es Eifersucht und Zank unter den Menschen, und sie können die christliche Ruhe auf dieser Erde nicht genießen.

---

[21] In Johannes 16:30-33

Die Zeremonie der Translation dauerte noch viele Tage. Hunderttausende Pilger fielen auf die Knie vor den ehrwürdigen sterblichen Überresten der heiligen Elisabeth und legten Goldstücke und Filler[22] nieder. Und als alle sich vom Geist der Mutter der Armen bestärkt hatten, wurden die Reliquien der Heiligen wieder in die Krypta der Kapelle gelegt. Aus den Erlösen der Grabbeigaben und der vielen wertvollen Schätze wurde die erste St.-Elisabethen-Kirche gebaut; es ist eine schöne, gegen den Himmel ragende, im gotischen Stil erbaute Kirche.

Nach dem festlichen Akt verabschiedeten sich der Kaiser, die hohen Herrschaften, die mächtigen Fürsten und die Pilger von der Stadt Marburg. Jeder ging seines Weges. Sie haben gesehen, was eine geistige Größe und Würde hervorbringen können, und haben erkannt, welchen Weg sie gehen müssen, um sich und die Welt glücklich zu machen.

*

Unter den Tausenden Franziskanern waren auch zwei junge Männer, die sich von Marburg verabschiedet hatten und auf dem Weg nach Ungarn waren. Barfuß, in das Habit der Franziskaner gekleidet und mit einem Stock in der Hand, schritten sie langsam auf dem Weg nach Hause.

„Bruder“, sagte der erste, „ich bin sehr glücklich!“

---

22 Ungarische Münzen. (Anm. der Übersetzerin)

„Ich auch", erwiderte der zweite.

Nachdem sie jeder für sich gebetet hatten, sprachen sie erneut.

„Hast du den Sohn der Heiligen gesehen?"

„Ich habe ihn gesehen! Ein schöner junger Mann! Auch ihre beiden Töchter!"

„Was wird wohl aus ihnen werden?"

„Sie sind in Gottes Händen und in der Obhut ihrer heiligen Mutter. Deswegen ist es nicht so wichtig, was aus ihnen wird. Wenn Gott ihm ein langes Leben schenken wird, so wird der Sohn hoffentlich einmal ein guter Herrscher von Thüringen werden. Die Töchter werden heiraten oder in ein Kloster eintreten und damit für Gott leben. Ihre anderen Verwandten werden auch ihr Leben haben, entweder ein gutes oder ein schlechtes. Für alle ist nur eines wichtig: Sie durften Kinder und Verwandte unserer Elisabeth sein."

„Das ist eine große Ehre!"

„Ewige Ehre!"

„Und gleichzeitig eine Verantwortung!"

„Hoffentlich wissen sie um diese. Aber auch für uns beide und, ja, für ganz Ungarn bedeutet es Ehre und Verantwortung in einem! Schade, dass unser guter König Andreas das nicht mehr erleben konnte. Wenn er nur noch ein Jahr länger gelebt hätte, würde er das alles sehen können!"

„Dafür ist unser neuer König Béla ganz stolz."

„Ja, und das vollkommen berechtigt! Er wird sich besonders großartig fühlen, wenn wir ihm erzählen, wie der mächtige deutsche Kaiser vor den Füßen seiner

Schwester kniete. Unser Land ist das schönste Land auf der Welt. Nur liegt es im Osten sehr weit weg von hier. Aber im Westen, in Rom, in Aachen und anderen großen westlichen Ländern ist der Name Ungarn bereits jetzt unauslöschlich."

„Eine Frau hat unser Land berühmt gemacht!"

„Ja, eine Frau, die bedeutendste Frau Ungarns! Die erste, die in ganz Europa bekannt ist. Vor meinem geistigen Auge sehe ich, wie in ganz Ungarn und auch in ganz Deutschland, ja in ganz Europa Kirchen mit ihrem Namen gebaut werden, wie die Krankenhäuser und Armenunterkünfte sie zu ihrer Schutzpatronin wählen werden und wie die Welt ihren Namen gleichzeitig mit dem Namen unseres heiligen Franziskus aussprechen wird."

„O unser Vater, unser Franziskus!"

„Wunderbar ist Gott in seinen Heiligen. Bedenke, lieber Bruder, wenn nur ein Heiliger auf der Erde ist, so ist seine Macht größer als die eines Königs. Die Könige sterben, die Heiligen sterben nicht, auch auf der Erde nicht. Der Staub der vergangenen Zeit bedeckt die Namen der Könige. Wir kennen die Namen der normannischen Könige nicht, wir kennen nicht die Namen der türkischen Sultane. Der Name unserer Elisabeth aber wird nie vergessen werden. Mindestens einmal im Jahr, am 19. November, wird in allen Kirchen die Messe ihr zu Ehren gehalten werden. Jeder Priester aus Deutschland, Italien, Spanien oder aus einem anderen Land, und auch selbst der Heilige Vater, der römische Bischof, sie alle werden an dem Tag die Geschichte unserer heiligen Elisabeth von Ungarn vorlesen. Sie werden sich in vielen täglichen Gebeten an sie wenden.

„O selige, glückliche heilige Elisabeth!“, seufzte der erste.

„O gesegnetes, glückliches Ungarn!“, seufzte der zweite.

Und so pilgerten zwei Franziskaner-Ordensbrüder in ein gottergebenes Gespräch vertieft Richtung Osten nach Hause, in das weit entfernte, sonnige, mächtige Ungarn.

Gründung der Elisabethinen

Vor 816 Jahren erblickte die heilige Elisabeth von Thüringen (1207–1231), die geistige Mutter der Elisabethinen, das Licht der Welt. Sie war die Tochter des ungarischen Königs Andreas, die nach dem Tod ihres Mannes auf einem Kreuzzug mehrere Krankenhäuser in Deutschland einrichtete und bereits mit 24 Jahren an Tuberkulose starb. Zu ihren Lebzeiten stand sie den Hilfsbedürftigen ohne Unterschied zur Seite.

Als ein Teil des Drittordens der Franziskaner wurde 1622 in Aachen der neue Frauenorden nach dem Vorbild der hl. Elisabeth von Thüringen gegründet. Appolonia Radermecher übernahm damals das sogenannte „Gasthaus", Armenhospiz von Aachen, wo sie mit einigen Gefährtinnen Kranke pflegte. Die neuen Schwestern nannten sich „Elisabethinen".

Dank ihrer aufopfernden Nächstenliebe gilt Elisabeth (Gedenktag 19. November) noch heute als Patronin der Kranken, Witwen, Waisen sowie der Caritas. Die nach ihr benannten Elisabethinen haben sich die Krankenpflege in Verbindung mit einem religiösen Leben zur Hauptaufgabe gemacht. Die entsprechende Ausbildung erhalten die Schwestern über den Orden.

Den Ausspruch der Elisabeth von Thüringen **„Wir müssen die Menschen froh machen …“** setzen sie mit viel eigener Fröhlichkeit und einfühlsamem Einsatz in die Tat um. Elisabeths Überzeugung, dass Menschen nur durch die Verbindung von Körper, Geist und Seele „froh“ werden können, wird im Elisabethinenkrankenhaus täglich gelebt.

Gründung der Elisabethinen in Klagenfurt

Die Ursprünge des Krankenhauses in Klagenfurt reichen bis in das Jahr 1710 zurück, als die Bürgersfrau Maria Katini zur Gründung eines Spitals Schwestern der Elisabethinen aus Graz nach Klagenfurt am Wörthersee kommen ließ. Die nötigen finanziellen Mittel dazu waren kaum vorhanden. So begannen die Schwestern mit eigenen Händen, unterstützt durch Spenden der Bevölkerung, ein kleines Krankenhaus zu bauen, dazu eine Kirche und eine notdürftige Unterkunft für sich selbst. Sie begannen mit vier Betten, welche von adeligen Damen gestiftet wurden. Ohne den Mut, das Gottvertrauen und die Tatkraft der Gründer-Schwestern gäbe es heute in Klagenfurt kein modernes „Allgemeines öffentliches Krankenhaus der Elisabethinen". Eine besondere Eigenschaft dieser Schwestern wird in der Chronik immer wieder angemerkt. Es heißt da: „Sie besaßen eine ganz franziskanische Fröhlichkeit, die über viele Schwierigkeiten hinweghalf und die auch den Kranken wieder neuen Lebensmut einflößte."

Mit Stiftungen Adeliger und vor allem durch die Förderung von Ehzg. Maria Anna v. Habsburg, der ältesten (überlebenden) Tochter Maria-Theresias, die im Elisabethinenkloster ihren Lebensabend verbrachte, blühte das Krankenhaus auf. Ihr Aufenthalt in Kärnten vom Jahr 1781 bis zu ihrem Tod 1789 gereichte nicht nur dem Elisabethinenkloster und dem Krankenhaus der Elisabethinen, sondern auch dem Land Kärnten zu großem Segen. Sie residierte im jetzigen bischöflichen Palais neben dem Elisabethinenkloster, unterstützte die Erhaltung des materiell bedrängten Konvents und förderte die Durchführung der Krankenpflege, wo immer sie nur konnte.

Die heute noch berühmte Elisabethinenapotheke wurde 1792 von Königin Karolina Maria von Neapel (die 14 Jahre jüngere Schwester der Maria Anna) gestiftet.

Kaiserin Maria Theresia in Witwentracht um 1769,
anonym, aus dem Umkreis Martin van Meytens d.J.
Öl auf Leinwand, 52 × 41 cm
Aus der Sammlung des Elisabethinenkonvents, Inv. Nr. 127

Erzherzogin Maria Anna von Österreich,
nicht datiert, anonym
Öl auf Leinwand, 52 × 39,5 cm
Aus der Sammlung des Elisabethinenkonvents, Inv. Nr. 125

Das 19. Jahrhundert und die ersten Jahrzehnte des 20. Jahrhunderts waren weiterhin von Entbehrungen und Nöten gezeichnet, wobei trotz aller widrigen Umstände das kleine Spital laufend vergrößert werden konnte und so immer mehr kranke Menschen in ihm Zuflucht und mit Gottes Hilfe auch Heilung fanden.

Im Jahre 1929 erhielt das Krankenhaus das sog. „Öffentlichkeitsrecht" und dadurch auch finanzielle Unterstützung durch den Staat. Im Rahmen der Krankenhaus GmbH wurde im Oktober 2006, mit dem Zweck der langfristigen Standortsicherung und Entwicklung beider Ordenskrankenhäuser in Kärnten, eine Vereinbarung mit der Österreichischen Provinz der Barmherzigen Brüder besiegelt. (75 % Gesellschafter-Anteil Österreichische Provinz der Barmherzigen Brüder und 25 % Gesellschafter-Anteil Konvent der Elisabethinen). Es kam dadurch zu einer fruchtbaren Zusammenarbeit mit dem Krankenhaus der Barmherzigen Brüder in St. Veit/Glan in mehreren Bereichen (Chirurgie, Onkologie, Radiologie, Anästhesiologie-Intensivmedizin-Palliativmedizin, Akutgeriatrie, Traumatologie/Orthopädie und andere).

Elisabethinenkirche und Kloster in Klagenfurt

Das Krankenhaus der Elisabethinen ist wie ein Samenkorn aus einer kleinen in eine feste Institution im Gesundheitswesen des Landes Kärnten gewachsen, die den erforderlichen medizinischen, pflegerischen und organisatorischen Standards entspricht.

Krankenhaus der Elisabethinen in Klagenfurt

Auch wenn die Anzahl der Ordensschwestern im Konvent abgenommen hat, so lebt der „Ordensgeist der hl. Elisabeth" im Konvent ungemindert fort und wird vielleicht noch bewusster gelebt. Er prägt und leitet auch die Arbeit der vielen engagierten Mitarbeiterinnen und Mitarbeiter im ärztlichen, pflegerischen, seelsorglichen und organisatorischen Dienst, die im Krankenhaus gemeinsam mit den geistlichen Schwestern die Patienten betreuen, sodass das Elisabethinenkrankenhaus zu Klagenfurt auch weiterhin mit Recht ein „geistliches Krankenhaus“ genannt werden kann.

Die geistige Kraft, die hinter dem Krankenhaus steht, ist der Klagenfurter Konvent der Elisabethinen. Die geistlichen Elisabethinenschwestern sehen der Zukunft gelassen und zuversichtlich entgegen. Immer wieder hat es in der Vergangenheit schwierige Zeiten gegeben, die mit Gottvertrauen, Mut und Tatkraft gemeistert werden konnten. Den Schwestern ist nicht nur die Gründung und der langjährige Betrieb der Krankenanstalt zu verdanken, sie sind auch bis zum heutigen Tag mit großem Engagement in die Pflege und religiöse Begleitung der Patientinnen und Patienten sowie Angestellten eingebunden.